高等职业教育“十三五”创新型规划教材

会计实务综合实训

主　编　降艳琴　任伟峰

副主编　刘洪锋　吕聪慧

北京理工大学出版社

BEIJING INSTITUTE OF TECHNOLOGY PRESS

图书在版编目（CIP）数据

会计实务综合实训 / 降艳琴，任伟峰主编．—北京：北京理工大学出版社，2019.2

ISBN 978－7－5682－6582－9

Ⅰ.①会… Ⅱ.①降… ②任… Ⅲ.①会计实务 Ⅳ.①F233

中国版本图书馆CIP数据核字（2019）第001236号

出版发行 / 北京理工大学出版社有限责任公司
社 址 / 北京市海淀区中关村南大街5号
邮 编 / 100081
电 话 / （010）68914775（总编室）
（010）82562903（教材售后服务热线）
（010）68948351（其他图书服务热线）
网 址 / http：//www. bitpress. com. cn
经 销 / 全国各地新华书店
印 刷 / 涿州市新华印刷有限公司
开 本 / 710毫米×1000毫米 1/16
印 张 / 7.5
字 数 / 144千字
版 次 / 2019年2月第1版 2019年2月第1次印刷
定 价 / 24.00元

责任编辑 / 王晓莉
文案编辑 / 郭贵娟
责任校对 / 周瑞红
责任印制 / 李 洋

前　言

本书是按照财政部2006年发布的企业会计准则体系，并结合最近对准则的修订情况，同时根据国家税务总局《关于全面推进营业税改征增值税的通知(财税〔2016〕36号)》《关于调整增值税税率的通知（财税〔2018〕32号)》、财政部关于印发《增值税会计处理规定》的相关要求，针对高等院校财务会计类专业的学生编写的。

本书采用项目教学法，以企业典型业务为主线，进行小组分工操作，从建立账簿开始，到填制和审核原始凭证与记账凭证、登记账簿、成本计算、财产清查，一直到编制会计报表及纳税申报表，完成一个完整的、综合性的会计工作任务，特别是强调了制单、复核、出纳、记账、会计主管之间的业务传递及内部控制关系。

本书以实现理论与实践一体，提高学生动手操作能力、职业判断能力和综合处理问题的能力为主要特征，情境创设生动、任务要求明确、操作指导过程详细、学习评价合理。

本书由石家庄邮电职业技术学院教师编写。其中，刘洪锋编写第一章和第五章第三节；吕聪慧编写第二章和第五章第三节；任伟峰编写第三章；降艳琴编写第四章和第五章第一节、第二节。

本书在编写过程中多次到神州顺利办信息服务股份有限公司调研，得到了任丽霞和王春锋两位总经理的大力支持，其为我们提供了大量的实例和实训资料，本书也借鉴了财务会计等相关书籍和报刊的有关观点，在此一并表示感谢！由于编者水平有限，加之时间仓促，书中难免有不足之处，恳请大家批评指正，以便不断修改和完善。

编　者

目　　录

第一章　模拟实训概述 ……………………………………（001）

一、实训内容……………………………………………………（001）

二、实训目标……………………………………………………（001）

三、实训程序……………………………………………………（002）

第二章　会计工作岗位及职责………………………………（005）

一、会计主管岗位………………………………………………（005）

二、出纳岗位……………………………………………………（005）

三、总分类账会计岗位…………………………………………（006）

四、核算会计岗位………………………………………………（006）

第三章　认识企业的原始凭证………………………………（007）

一、原始凭证的基本内容………………………………………（007）

二、企业常见经济业务涉及的原始凭证………………………（008）

第四章　模拟企业概况 ……………………………………（021）

一、模拟企业基本情况…………………………………………（021）

二、模拟企业会计工作组织及账务处理………………………（021）

三、模拟企业会计核算的有关规定……………………………（022）

第五章　会计核算资料 ……………………………………（027）

一、会计核算期初建账资料……………………………………（027）

二、本月基本经济业务的原始凭证……………………………（033）

三、经济业务的说明与提示……………………………………（097）

第一章

模拟实训概述

财务会计综合实训是会计专业的一门综合性实践课程，本课程以培养学生会计综合职业能力为宗旨，综合运用会计专项技术技能，在模拟的企业环境中，进行企业经济业务的会计处理，为学生进行企业顶岗实习和从事实际会计工作奠定基础。

一、实训内容

（1）认知企业及会计工作，包括了解企业的基本情况、企业内部的会计制度及会计工作组织形式。

（2）建账，包括设置会计科目及核算规则，录入期初数据。

（3）日常经济业务处理，包括银行借款、材料现购、赊购、预付款采购、固定资产和无形资产购进以及付款、现销、赊销、预收款销售、销售折扣、销售退回和应收款项的核算等。

（4）成本计算与核算，包括水电费、修理费、计提折旧核算、职工薪酬核算、成本费用归集与分配的核算。

（5）期末账项调整，包括计提费用、计算利润与利润分配结转本月各种应交税费、损益、资产减值准备和公允价值调整。

（6）对账和结账，包括账实核对、银行对账、往来账款清查、试算平衡和结账。

（7）编制会计报表，包括编制资产负债表、利润表、现金流量表和所有者权益变动表。

二、实训目标

通过财务会计综合实训，进一步提高学生的会计综合职业能力，包括素质、知识和技能三个方面。

（一）素质目标

（1）遵守财经法规和企业内部规章制度。

（2）养成认真、严谨、细致的工作态度。

（3）培养部门、岗位之间互相沟通与协调的能力。

（二）知识目标

（1）能够根据企业的具体情况，熟记会计岗位设置和岗位职责。

（2）能够根据给定的资料，正确地为企业建立适当的账簿。

（3）能够正确地进行采购、销售等经济业务的核算以及成本与费用的核算。

（4）能够正确地进行期末结转与财务成果的核算。

（5）会进行期末对账与结账操作。

（6）会编制会计报表。

（7）能够对会计档案进行有效管理。

（三）技能目标

（1）能够根据原始单据判断经济业务的类型。

（2）能够按会计工作流程对企业发生的各项经济业务进行账务处理。

（3）能够快速查找到错误并进行正确处理。

三、实训程序

财务会计综合实训分四个阶段进行：资料准备阶段；模拟实习阶段；整理阶段；编写报告阶段。

（一）资料准备阶段

（1）了解模拟实训的目的和意义，对模拟实训有一个正确的认识和积极的态度。

（2）熟悉模拟企业的概况、内部会计制度及实施细则。

（3）学习《中华人民共和国会计法》和《会计基础工作规范》中的相应内容；明确会计数码字书写要求、原始凭证的填制和审核要求、记账凭证的填制和审核要求、账簿设置与登记的要求以及会计报表编制的要求。

（4）确定模拟实训的时间安排、学习步骤及成绩考核办法，准备实习所需工具及资料。

① 原始凭证（参见第三章）。

② 通用记账凭证 100 张；科目汇总表 2 张。

③ 三栏式账页 60 张（包括总分类账和明细分类账）。

④ 多栏式账页 10 张。

⑤ 数量金额式账页 10 张。

⑥ 现金日记账 2 张；银行存款日记账 4 张。

⑦ 资产负债表、利润表、现金流量表、所有者权益变动表各 1 张。

⑧ 会计凭证的封底、封面各 2 张，会计档案袋 1 个。

⑨ 装订工具：装订机、针、线、胶水等。

⑩ 其他。

（二）模拟实习阶段

（1）建账。

① 根据总分类账期初余额，开设总分类账账户，并将余额登记到所开账户的余额栏内，摘要写“期初余额”。

② 根据明细分类账账户的期初余额，开设明细分类账账户。其中，“材料采购”明细分类账、“原材料”明细分类账和“库存商品”明细分类账使用数量金额式账页；“制造费用”明细分类账、“管理费用”明细分类账、“生产成本”明细分类账和“应付职工薪酬”明细分类账使用多栏式明细分类账账页，其余账户的明细分类账使用三栏式明细分类账账页。

③ 根据“库存现金”“账户余额”“银行存款”账户余额开设现金日记账和银行存款日记账。

（2）审核原始凭证。

①会计主管接到外来或自制的原始凭证或原始凭证汇总表，对其进行合法性、合规性、合理性审核，同时签署审核意见。

②将审核无误的原始凭证传递给制单会计。

（3）填制与审核模拟企业 12 月 1 日至 12 月 15 日的记账凭证；根据记账凭证登记相应的现金日记账、银行存款日记账和明细分类账。

（4）根据 12 月 1 日至 12 月 15 日的记账凭证编制第 1 张科目汇总表，并据此登记总分类账。若采用记账凭证账务处理程序，则直接根据 12 月 1 日至 12 月 15 日的记账凭证，逐笔登记总分类账。

（5）填制与审核模拟企业 12 月 16 日至 12 月 31 日的记账凭证；根据记账凭

证登记相应的现金日记账、银行存款日记账和明细分类账。

(6) 根据12月16日至12月31日的记账凭证编制第2张科目汇总表，并据此登记总分类账。若采用记账凭证账务处理程序，直接根据12月16日至12月31日的记账凭证，逐笔登记总分类账。

(7) 结账。

(8) 编制试算平衡表。

(9) 编制资产负债表、利润表、现金流量表和所有者权益变动表。

(三) 整理阶段

对所填制的记账凭证、登记的账簿、编制的科目汇总表和会计报表进行整理，加具封面，装订成册。

(四) 编写报告阶段

待全部实训结束后，每位学生编写一份总结本次模拟实训的实训报告，对实训情况进行小结和评价，总结经验，找出不足，提出建议。

第二章

会计工作岗位及职责

依据《中华人民共和国会计法》第三十六条规定：“各单位应当根据会计业务的需要，设置会计机构，或者在有关机构中设置会计人员并指定会计主管人员；不具备设置条件的，应当委托经批准设立从事会计代理记账业务的中介机构代理记账。”会计工作岗位可以一人一岗、一人多岗或者一岗多人，但应遵守职务不相容原则。结合模拟企业的实际情况，模拟企业单独设置会计机构，配备4名会计人员，分别是会计主管、出纳、总分类账会计和核算会计。

一、会计主管岗位

（1）负责会计机构的组织管理工作，制定公司内部控制制度。

（2）负责组织初始建账工作（在电算方式下，承担系统管理员和账套主管职责）。

（3）负责各种原始凭证的审核。

（4）负责审核记账凭证。

（5）负责预算的编制和控制。

（6）负责纳税筹划和财务分析。

（7）负责保管一枚法人章。

二、出纳岗位

（1）负责保管现钞、有价证券、重要空白凭证，并保管一枚财务专用章。

（2）办理货币资金的收付，办理银行结算。

（3）负责登记现金日记账和银行存款日记账。

（4）负责交纳税费和“五险一金”。

（5）协助会计主管初始建账。

三、总分类账会计岗位

（1）审核记账凭证，据实登记各类明细分类账，并根据审核无误的记账凭证汇总、登记总分类账。

（2）定期对总分类账与各类明细分类账进行结账，并进行总分类账与明细分类账的对账，保证账账相符。

（3）负责各种税费的计算和申报。

（4）月底负责结转各项期间费用及损益类凭证，并据以登记账目。

（5）负责编制会计报表。

四、核算会计岗位

（1）负责开具销售发票并核算收入。

（2）负责固定资产业务处理。

（3）负责职工薪酬核算。

（4）负责成本费用核算。

（5）负责往来账的管理。

（6）负责登记手工账簿。

（7）负责凭证整理装订以及归档。

第三章

认识企业的原始凭证

原始凭证（也称单据）是在经济业务发生或完成时取得或填制的，用以记录或证明经济业务的发生或完成情况、明确经济责任的书面证明。它是开展会计工作的原始资料，是记账的原始依据。

只有经过审核无误的原始凭证，才能作为记账的依据。为了保证原始凭证内容的真实性和合理性，一切原始凭证填制或取得后，都应按规定的程序及时送交会计部门，由会计主管或具体处理该事项的会计人员进行审核。

一、原始凭证的基本内容

作为企业的财务人员，既要负责原始凭证的审核，又要根据原始凭证的内容，判断企业发生经济业务的性质，据以编制会计分录，登记记账凭证。因此，无论是审核原始凭证，还是编制会计分录，都要求财务人员准确识别企业的原始凭证。

因为各个单位发生的经济业务事项复杂多样，记录和反映经济业务事项的原始凭证来源于不同渠道，所以原始凭证的内容、格式不尽相同。

在审核原始凭证时，主要是依据原始凭证上各项内容所反映的信息，判断企业发生经济业务的性质，审核经济业务的真实性和合理性。作为反映经济业务事项已经发生或完成并承担明确经济责任的书面文件，无论是哪一种原始凭证，都应具备以下基本内容：

（1）原始凭证的名称，如发票、入库单。

（2）原始凭证的填制日期和编号，一般是经济业务事项发生或完成的日期。

（3）接收原始凭证的单位名称或个人姓名。

（4）经济业务事项的内容摘要。

（5）经济业务事项的数量、单价和金额。

（6）填制原始凭证的单位名称。

（7）有关经办人员的签名或盖章。

从外单位取得的原始凭证，应该使用统一的发票，发票上需印有税务专用章，并且必须盖有填制单位的公章。从个人取得的原始凭证，必须有填制人员的签名或盖章。自制原始凭证必须有经办部门的负责人或者指定的人员签名或者盖章。对外开出的原始凭证必须加盖本单位的公章。

二、企业常见经济业务涉及的原始凭证

（一）采购业务

企业采购原材料涉及的原始凭证包括：

（1）增值税专用发票抵扣联，用于抵扣购买原材料所支付的增值税进项税额。

（2）增值税专用发票发票联，是购货单位作为购进货物的结算凭证。

（3）收料单，用于记录外购材料验收入库的凭证。如果采购原材料没有入库单，则证明原材料尚未验收入库。

（4）付款凭证，用于证明购货单位购买材料支付货款的凭证。如果采购原材料没有付款凭证，则证明购货款尚未支付。

【例3-1】

如图3-1~图3-7所示，根据购货方河北华美制衣有限责任公司在购买原材料和接受运输服务时取得的增值税专用发票和中国工商银行电汇凭证和收料单，判断这时企业的采购业务。增值税专用发票抵扣联，用于抵扣购买原材料和接受运输服务支付的增值税进项税额，对应的增值税专用发票发票联，可作为购进原材料的入账凭证；中国工商银行电汇凭证，可作为购买材料支付货款的凭证；收料单，可作为外购材料验收入库的凭证。如果是空白的收料单，可还需要根据购买原材料的实际情况，在收料单上填写材料名称、计量单位、数量和计算购买原材料的实际成本。

北京增值税专用发票

抵 扣 联

开票日期：2018 年 12 月 3 日　　　　№000013571235

购货单位	名称：河北华美制衣有限责任公司 纳税人登记号：310045686688333 地址、电话：石家庄建设南大街106号 68005001 开户银行及账号：工行石家庄建设支行 622243210536	密码区	75+2145787（6）-/456789 加密版本 022114<> *33568899224523545644 3-1545-1>>> >+547887954562153412 45321

商品或劳务名称	规格型号	单位	数量	单价	金　额	税率	税　额
红色棉布		米	1500	25.00	37500.00	16%	6000.00
蓝色棉布		米	2000	22.00	44000.00	16%	7040.00
合　计					¥81500.00		¥13040.00
价税合计（大写）	⊗玖万肆仟伍佰肆拾元整					（小写）	¥94540.00

销货单位	名称：北京红盛纺织有限责任公司 纳税人登记号：110021566063145 地址、电话：北京朝阳区 68752003 开户银行及账号：工行北京朝阳支行 622203785345	备注：

收款人：　　　复核：　　　开票人：××　　　销售单位：（章）

第二联　抵扣联　购货方抵扣凭证

图 3－1　北京增值税专用发票（一）

北京增值税专用发票

发 票 联

开票日期：2018 年 12 月 3 日　　　　№000013571235

购货单位	名称：河北华美制衣有限责任公司 纳税人登记号：310045686688333 地址、电话：石家庄建设南大街106号 68005001 开户银行及账号：工行石家庄建设支行 622243210536	密码区	75+2145787（6）-/456789 加密版本 022114<> *33568899224523545644 3-1545-1>>> >+547887954562153412 45321

商品或劳务名称	规格型号	单位	数量	单价	金　额	税率	税　额
红色棉布		米	1500	25.00	37500.00	16%	6000.00
蓝色棉布		米	2000	22.00	44000.00	16%	7040.00
合　计					¥81500.00		¥13040.00
价税合计（大写）	⊗玖万肆仟伍佰肆拾元整					（小写）	¥94540.00

销货单位	名称：北京红盛纺织有限责任公司 纳税人登记号：110021566063145 地址、电话：北京朝阳区 68752003 开户银行及账号：工行北京朝阳支行 622203785345	备注：

收款人：　　　复核：　　　开票人：××　　　销售单位：（章）

第三联　发票联　购货方记账凭证

图 3－2　北京增值税专用发票（二）

北京增值税专用发票

抵扣联

开票日期：2018 年 12 月 3 日 №3100114760

购货单位	名称：河北华美制衣有限责任公司 纳税人登记号：310045686688333 地址、电话：石家庄建设南大街 106 号 68005001 开户银行及账号：工行石家庄建设支行 622243210536				密码区	98+374683987（6）-/456789 加密版本 022114<> *3356889922452354564 43-1545-1>> > >+547887954562153412 45321	
商品或劳务名称	规格型号	单位	数量	单价	金额	税率	税额
运费			1	350.00	350.00	10%	35.00
合计					¥350.00	10%	¥35.00
价税合计（大写）	⊗叁佰捌拾伍元整					（小写）	¥385.00
销货单位	名称：北京立达物流有限公司 纳税人登记号：110121455114665 地址、电话：北京朝阳区 62233355 开户银行及账号：工行北京朝阳支行 832203785345				备注：	北京立达物流有限公司 110121455114665 发票专用章	

收款人： 复核： 开票人：×× 销售单位：（章）

第二联 抵扣联 购货方抵扣凭证

图 3-3 北京增值税专用发票（三）

北京增值税专用发票

发票联

开票日期：2018 年 12 月 3 日 №3100114760

购货单位	名称：河北华美制衣有限责任公司 纳税人登记号：310045686688333 地址、电话：石家庄建设南大街 106 号 68005001 开户银行及账号：工行石家庄建设支行 622243210536				密码区	98+374683987（6）-/456789 加密版本 022114<> *3356889922452354564 43-1545-1> >> >+547887954562153412 45321	
商品或劳务名称	规格型号	单位	数量	单价	金额	税率	税额
运费			1	350.00	350.00	10%	35.00
合计					¥350.00	10%	¥35.00
价税合计（大写）	⊗叁佰捌拾伍元整					（小写）	¥385.00
销货单位	名称：北京立达物流有限公司 纳税人登记号：110121455114665 地址、电话：北京朝阳区 62233355 开户银行及账号：工行北京朝阳支行 832203785345				备注：	北京立达物流有限公司 110121455114665 发票专用章	

收款人： 复核： 开票人：×× 销售单位：（章）

第三联 发票联 购货方记账凭证

图 3-4 北京增值税专用发票（四）

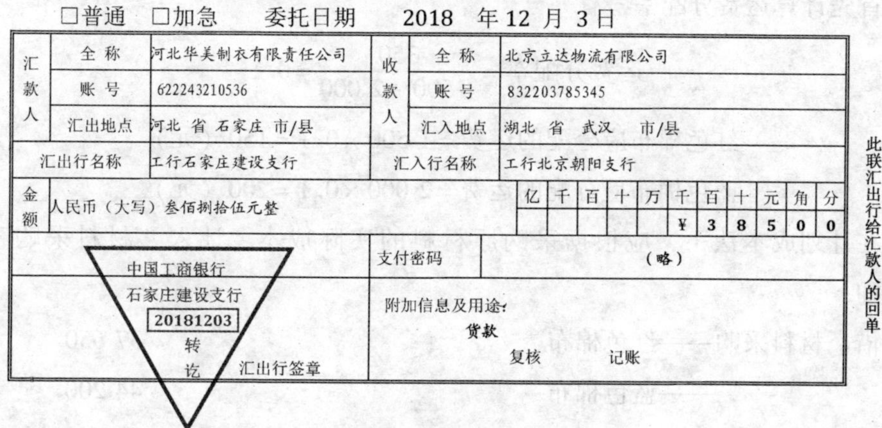

中国工商银行 电汇凭证 （回单） 1

□普通 □加急 委托日期 2018 年12 月 3日

汇款人	全称	河北华美制衣有限责任公司	收款人	全称	北京立达物流有限公司
	账号	622243210536		账号	832203785345
	汇出地点	河北 省 石家庄 市/县		汇入地点	湖北 省 武汉 市/县
汇出行名称		工行石家庄建设支行	汇入行名称		工行北京朝阳支行
金额	人民币（大写）叁佰捌拾伍元整		亿 千 百 十 万 千 百 十 元 角 分		¥ 3 8 5 0 0
中国工商银行 石家庄建设支行 20181203 转讫		汇出行签章	支付密码		（略）
			附加信息及用途：货款	复核	记账

此联汇出行给汇款人的回单

图 3－5 中国工商银行电汇凭证（一）

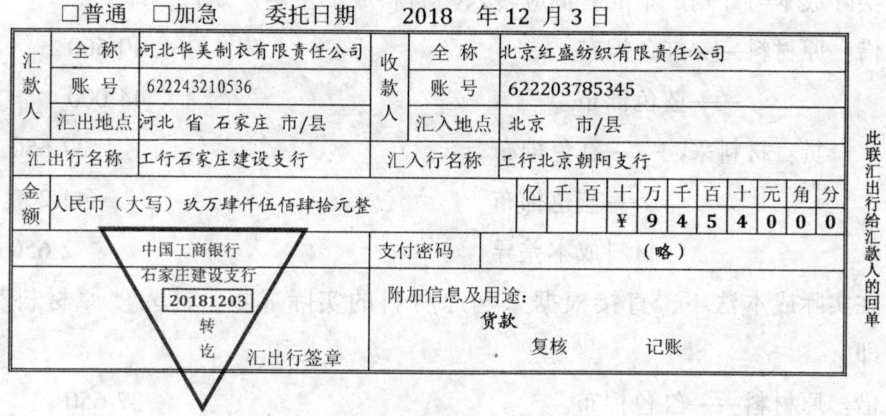

中国工商银行 电汇凭证 （回单） 1

□普通 □加急 委托日期 2018 年12 月 3日

汇款人	全称	河北华美制衣有限责任公司	收款人	全称	北京红盛纺织有限责任公司
	账号	622243210536		账号	622203785345
	汇出地点	河北 省 石家庄 市/县		汇入地点	北京 市/县
汇出行名称		工行石家庄建设支行	汇入行名称		工行北京朝阳支行
金额	人民币（大写）玖万肆仟伍佰肆拾元整		亿 千 百 十 万 千 百 十 元 角 分		¥ 9 4 5 4 0 0 0
中国工商银行 石家庄建设支行 20181203 转讫		汇出行签章	支付密码		（略）
			附加信息及用途：货款	复核	记账

此联汇出行给汇款人的回单

图 3－6 中国工商银行电汇凭证（二）

收 料 单

供货单位：北京红盛纺织有限责任公司 编号：001

发票号码：000013571235 2018 年 12 月 3 日 收料仓库：1 号库

材料名称	计量单位	数量		实际成本					计划成本		备注
		应收	实收	单价	金额	运杂费	其他	合计	单价	金额	
红色棉布	米	1500	1500	25.00	37500	150		37650	27.00	40500	
蓝色棉布	米	2000	2000	22.00	44000	200		44200	22.00	44000	

采购部负责人：张军 采购员：赵东 保管： 李芳 仓库负责人：王亮

图 3－7 收料单

购入原材料发生的运费，需按照红色棉布和蓝色棉布的购入数量比例进行分配。首先计算运费分配率，有

$$运费分配率=\frac{350}{1\ 500+2\ 000}=0.1$$

红色棉布应分配的运费＝1 500×0.1＝150（元）

蓝色棉布应分配的运费＝2 000×0.1＝200（元）

在计划成本法下，应根据采购原材料的实际成本，计入“材料采购”账户，即

借：材料采购——红色棉布　　37 650
　　　　　　——蓝色棉布　　44 200
　　应交税费——应交增值税（进项税额）　　13 075
　　贷：银行存款　　94 925

根据入库原材料的计划成本，借记“原材料”账户，贷记“材料采购”账户，实际成本与计划成本的差额应转入“材料成本差异”账户，即

借：原材料——红色棉布　　40 500
　　　　　——蓝色棉布　　44 000
　　贷：材料采购——红色棉布　　37 650
　　　　　　　　——蓝色棉布　　44 200
　　　　材料成本差异　　2 650

在实际成本法下，直接根据采购原材料的实际成本，计入“原材料”账户，即

借：原材料——红色棉布　　37 650
　　　　　——蓝色棉布　　44 200
　　应交税费——应交增值税（进项税额）　　13 075
　　贷：银行存款　　94 925

如果采购的原材料没有入库单，则证明原材料尚未验收入库。此时，在计划成本法下，仍然通过“材料采购”账户核算在途材料的实际成本：

借：材料采购——红色棉布　　37 650
　　　　　　——蓝色棉布　　44 200
　　应交税费——应交增值税（进项税额）　　13 075
　　贷：银行存款　　94 925

但在实际成本法下，应通过“在途物资”账户反映外购在途材料的实际成本，即

借：在途物资——红色棉布　　37 650
　　　　　　——蓝色棉布　　44 200
　　应交税费——应交增值税（进项税额）　　13 075
　　贷：银行存款　　94 925

待原材料验收入库后，再根据原材料的实际成本，借记“原材料”账户，贷记“在途物资”账户。

（二）销售业务

企业销售商品涉及的原始凭证包括：

（1）增值税专用发票记账联如图 3－8 所示。它是销货方销售货物的原始凭证。

（2）收款凭证（或进账单），如图 3－9 所示。它是证明销货单位销售商品收到货款的凭证。如果销售货物没有收款凭证，则证明销货款尚未收到。

（3）产品出库单，如图 3－10 所示。它是记录销货方发出商品的凭证。

【例 3－2】

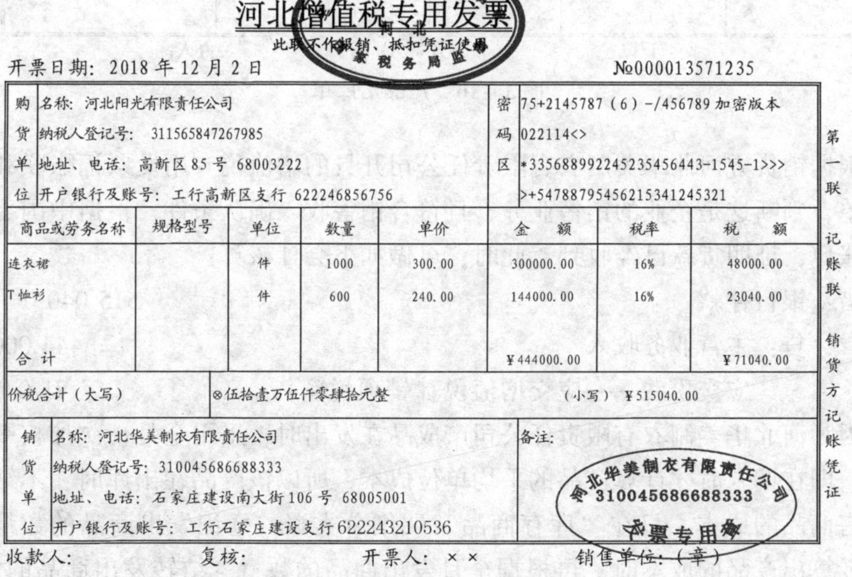

河北增值税专用发票

此联不作报销、抵扣凭证使用

开票日期：2018 年 12 月 2 日　　№000013571235

购货单位	名称：河北阳光有限责任公司 纳税人登记号：311565847267985 地址、电话：高新区 85 号 68003222 开户银行及账号：工行高新区支行 622246856756			密码区	75+2145787（6）-/456789 加密版本 022114<> *3356889922452354564443-1545-1>>> >+547887954562153412453 21		
商品或劳务名称	规格型号	单位	数量	单价	金额	税率	税额
连衣裙		件	1000	300.00	300000.00	16%	48000.00
T恤衫		件	600	240.00	144000.00	16%	23040.00
合计					¥444000.00		¥71040.00
价税合计（大写）	⊗伍拾壹万伍仟零肆拾元整				（小写）¥515040.00		
销货单位	名称：河北华美制衣有限责任公司 纳税人登记号：310045686688333 地址、电话：石家庄建设南大街 106 号 68005001 开户银行及账号：工行石家庄建设支行 622243210536				备注：		

第一联 记账联 销货方记账凭证

收款人：　　复核：　　开票人：××　　销售单位：（章）

图 3－8 河北增值税专用发票（一）

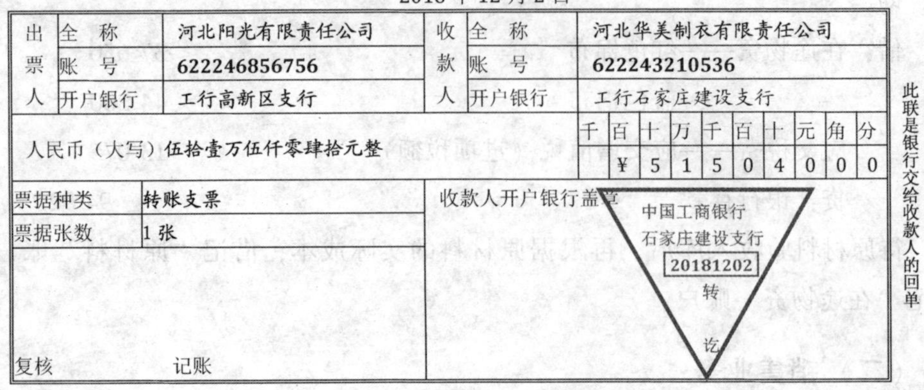

中国工商银行 进账单（ ）

2018年12月2日

出票人	全称	河北阳光有限责任公司	收款人	全称	河北华美制衣有限责任公司
	账号	622246856756		账号	622243210536
	开户银行	工行高新区支行		开户银行	工行石家庄建设支行

人民币（大写）伍拾壹万伍仟零肆拾元整

千	百	十	万	千	百	十	元	角	分
	¥	5	1	5	0	4	0	0	0

票据种类	转账支票	收款人开户银行盖章
票据张数	1张	

收款人开户银行盖章：中国工商银行 石家庄建设支行 20181202 转 讫

复核 记账

此联是银行交给收款人的回单

图3-9　中国工商银行进账单

产品出库单

2018年12月2日

购货单位：河北阳光有限责任公司　　№201012001

产品名称	规格	计量单位	数量	
			请发	实发
连衣裙		件	1000	1000
T恤衫		件	600	600

仓库主管：　记账：　发货人：　经办人：

第二联 记账联

图3-10　产品出库单

根据销货方河北华美制衣有限责任公司开具的增值税专用发票记账联和产品出库单，判断这是企业的销售业务，且符合销售收入确认条件，根据中国工商银行进账单，证明货款已经收到。此时，可做如下会计核算：

借：银行存款　　515 040

　贷：主营业务收入　　444 000

　　应交税费——应交增值税（销项税额）　　71 040

因为河北华美制衣有限责任公司产成品在发出时，采用全月一次加权平均法计价，即在期末时才计算产品的平均单位成本，所以该产品在出库时，不结转对外销售商品的成本，只在“库存商品”明细分类账，登记发出商品的数量，待月末计算出产品的成本时，再根据全月发出商品的数量，结转发出商品的成本，借记“主营业务成本“，贷记“库存商品”或“发出商品”。

(三) 外购需要安装的固定资产

企业外购取得需要安装的固定资产，涉及的原始凭证包括：

(1) 增值税专用发票抵扣联，用于抵扣购买固定资产、进行固定资产安装支付的增值税进项税额。

(2) 增值税专用发票发票联，是购货单位作为购进固定资产、进行固定资产安装的结算凭证。

(3) 付款申请书，用于购置固定资产、支付安装费时申请付款给供货单位的书面单据，是进行内部审批、财务据以付款的凭证。

(4) 付款凭证，用于证明购货单位购买固定资产支付货款的凭证，如果没有付款凭证，则证明款项尚未支付。

(5) 固定资产交接（验收）单，是企业购入或自建的固定资产在达到预定可使用状态后，交付使用的凭证。

如果购买的固定资产没有交接（验收）单（见图3－11），则证明购买的固定资产需要经过安装才可以投入使用。此时，企业外购固定资产的成本和以后发生的安装费先通过“在建工程”账户归集，安装完工后再转入“固定资产”账户。

固定资产交接(验收)单

年　　月　　日

名称	型号	来源	单位	数量	造价（总成本）	使用年限
供货单位					交工日期	
验收意见			验收人		使用人	

图3－11　固定资产交接（验收）单

(四) 处置固定资产的业务

企业出售、报废和毁损固定资产，涉及的原始凭证包括：

(1) 增值税专用发票记账联，是出售固定资产的原始凭证。

(2) 收款凭证，用于证明企业出售固定资产收到款项的凭证。

(3) 固定资产清理单（见图3－12），登记企业出售、报废和毁损固定资产基本信息的自制原始凭证。将处置固定资产的账面价值，借记“固定资产清理”账户、“累计折旧”账户和“固定资产减值准备”账户，贷记“固定资产”账户。

固定资产清理单
年 月 日

<table>
<tr><td>名称</td><td>单位</td><td>数量</td><td>预计使用年限</td><td>已使用年限</td><td>原值</td><td>已提折旧额</td><td>清理原因</td></tr>
<tr><td></td><td></td><td></td><td></td><td></td><td></td><td></td><td></td></tr>
<tr><td></td><td></td><td></td><td></td><td></td><td></td><td></td><td></td></tr>
<tr><td rowspan="2">处理意见</td><td colspan="2">使用部门</td><td colspan="2">技术鉴定小组</td><td colspan="2">资产管理部门</td><td>主管部门审批</td></tr>
<tr><td colspan="2"></td><td colspan="2"></td><td colspan="2"></td><td></td></tr>
</table>

图 3－12 固定资产清理单

（4）固定资产清理损益计算表（见图 3－13），登记处置固定资产的账面价值，以及在清理过程中所发生的清理费用和清理收入，用于计算处置固定资产的清理净损益。固定资产处置完毕，通过“固定资产清理”账户余额反映固定资产清理净损益，并将清理净损益转入“资产处置收益”账户，但固定资产的报废毁损，仍旧放在“营业外支出”账户中。

固定资产清理损益计算表
年 月 日

<table>
<tr><td rowspan="2">清理成本与支出</td><td>账面价值</td><td>清理费用</td><td>清理税费</td><td>其他支出</td><td>合计</td></tr>
<tr><td></td><td></td><td></td><td></td><td></td></tr>
<tr><td>清理收益</td><td colspan="5"></td></tr>
<tr><td>清理损益</td><td colspan="5"></td></tr>
</table>

图 3－13 固定资产清理损益计算表

（五）付款业务

对于企业的付款业务，根据支付结算方式的不同，涉及的原始凭证可以是银行电汇凭证回单、银行电子转账凭证、支票存根、银行汇票解讫通知、委托收款凭证等。在付款业务中，根据结算方式的不同，可以贷记“银行存款”或“其他货币资金－银行汇票”账户，借记对应账户。

（六）收款业务

企业的收款业务，根据支付结算方式的不同，涉及的原始凭证有银行进账单、银行汇票、商业汇票、收款收据等。在收款业务中，根据收到的收款凭证，可以借记“银行存款”或“应收票据”账户。

在购货方因在规定时限内付款而享受现金折扣时，还会涉及“现金折扣计算表”（见表3－14），用于计算购货方的现金折扣额。企业根据收款凭证和现金折扣计算表，借记“银行存款”和“财务费用”账户，贷记“应收账款”账户。

现金折扣计算表

年　月　日

购货方	购货日期	付款日期	赊购货款	折扣率	享受折扣额

图3－14　现金折扣计算表

（七）领料业务

企业在生产经营过程中，领用原材料或周转材料，涉及的原始凭证有领料单、周转材料领用单等。

【例3－3】

如图3－15和图3－16所示，为常用领料单。

领　料　单

领用部门：生产车间　　　　编号：001

用途：T恤衫　　　　2018年12月3日

编号	名称	规格	单位	请领数量	实发数量	计划单位成本	计划总成本								
							百	十	万	千	百	十	元	角	分
	蓝色棉布		米	1000	1000	22			2	2	0	0	0	0	0
	白色棉布		米	200	200	25				5	0	0	0	0	0
备注						合计		¥	2	7	0	0	0	0	0

审批：　　发料：　　记账：　　领料：

图3－15　领料单（一）

领　料　单

领用部门：生产车间　　　　编号：004

用途：一般耗用　　　　2018年12月24日

编号	名称	规格	单位	请领数量	实发数量	计划单位成本	计划总成本								
							百	十	万	千	百	十	元	角	分
	高级缝纫机油		瓶	50	50	130				6	5	0	0	0	0
备注						合计			¥	6	5	0	0	0	0

审批：　　发料：　　记账：　　领料：

图3－16　领料单（二）

进行会计核算时，根据领料单上的领用部门登记，如果是生产车间领用，且直接用于生产产品，则属于直接成本，借记“生产成本”账户；如果是生产车间领用，用于一般耗用，则属于间接成本，借记“制造费用”账户；如果是管理部门领用，则借记“管理费用”账户。然后根据领用的原材料或周转材料名称，贷记“原材料”账户或“周转材料”账户。

（八）预借差旅费

企业员工出差预借差旅费时，需要填制借款单（见图3－17），经部门负责人和财务负责人审批后，取得借款。

【例3－4】

借 款 单

2018年12月6日 №：2010120002

借款单位	办公室	借款理由	出差
借款金额	人民币（大写）：贰仟元整		¥2000.00
部门负责人（签字） 同意 张明 2018.12.6	财务负责人（签字）现金付讫 同意 李明成 2018.12.6		借款人（签字） 朱红 2018.12.6

图3－17 借款单

根据借款单的信息，可以确定是企业员工朱红出差，预借差旅费，经财务负责人批准，支付现金。需做如下会计核算：

借：其他应收款——朱红 2 000

　　贷：库存现金 2 000

（九）报销差旅费

企业员工出差返回，报销差旅费时，涉及的原始凭证有：

（1）差旅费报销单（见图3－18），是出差人员返回后进行费用报销的一种单据，包含出差人姓名、部门、往返路费、出差补助、住宿费等信息，可作为报销凭证。

（2）收款收据，在出差人员预借差旅费出差的情况下，报销时退回差旅费剩余款的一种收款凭证。

（3）增值税专用发票抵扣联（见图3－19），用于抵扣企业员工出差发生的住宿费中的进项税额。

（4）增值税专用发票发票联（见图3－20），是企业员工出差发生住宿费的结算凭证。

【例3－5】

差旅费报销单

2018 年 12 月 12日

部门	办公室	姓名	朱红		出差事由		会议		
日期	出发地	到达地	机票费	车船费	交通费	住宿费	出差补助	其他	合计
12.7	石家庄	长沙		550.00					550.00
12.9	长沙	石家庄		550.00		660.00	240.00		1450.00
报销金额（人民币）：贰仟元整							原借款	2000.00	
领导签字		出差人签字					报销金额	2000.00	
							结余金额	0.00	

图3－18 差旅费报销单

湖南增值税专用发票

抵扣联

开票日期：2018 年 12 月 9 日　　　　№4600114762

购货单位	名称：河北华美制衣有限责任公司 纳税人登记号：310045686688333 地址、电话：石家庄建设南大街 106 号 68005001 开户银行及账号：工行石家庄建设支行 622243210536				密码区	98+374683987（6）－/456789 加密版本 022114<> *335688992245235456443-1545-1>>> >+54788795456215341245321	
商品或劳务名称	规格型号	单位	数量	单价	金　额	税率	税　额
住宿费			2	311.32	622.64	6%	37.36
合 计					¥622.64	6%	¥37.36
价税合计（大写）	⊗陆佰陆拾元整				（小写） ¥660.00		
销货单位	名称：长沙锦江商务酒店 纳税人登记号：476121455114988 地址、电话：长沙市天心区 58822333 开户银行及账号：工行长沙支行 897203785789				备注：长沙锦江商务酒店 476121455114988 发票专用章		

第二联 抵扣联 购货方抵扣凭证

收款人：　　复核：　　开票人：××　　销售单位：（章）

图3－19 湖南增值税专用发票（一）

根据差旅费报销单的信息，可以判断这是企业员工朱红出差返回报销差旅费，原预借2 000元，报销2 000元，因为取得了增值税专用发票抵扣联，可以抵扣员工出差住宿费支付的增值税进项税额。需做如下会计核算：

湖南增值税专用发票

发票联

开票日期：2018 年 12 月 9 日　　　　№4600114762

购货单位	名称：河北华美制衣有限责任公司 纳税人登记号：310045686688333 地址、电话：石家庄建设南大街 106 号 68005001 开户银行及账号：工行石家庄建设支行 622243210536	密码区	98+374683987（6）-/456789 加密版本 022114<> *335688992245235456443-1545-1>>> >+54788795456215341245321

商品或劳务名称	规格型号	单位	数量	单价	金额	税率	税额
住宿费			2	311.32	622.64	6%	37.36
合计					¥622.64	6%	¥37.36
价税合计（大写）	⊗陆佰陆拾元整				（小写） ¥660.00		

销货单位	名称：长沙锦江商务酒店 纳税人登记号：476121455114988 地址、电话：长沙市天心区 58822333 开户银行及账号：工行长沙支行 897203785789	备注：	长沙锦江商务酒店 476121455114988 发票专用章

第三联 发票联 购货方记账凭证

收款人：　　　复核：　　　开票人：××　　　销售单位：（章）

图 3－20　湖南增值税专用发票（二）

借：管理费用　　1 962.64

　　应交税费——应交增值税（进项税额）　　37.36

　　贷：其他应收款——朱红　　2 000

第四章

模拟企业概况

一、模拟企业基本情况

企业名称：河北华美制衣有限责任公司

企业地址：石家庄建设南大街106号

企业代码：21035588

税务计算机代码：2288550

纳税人识别号：310045686688333

开户银行：中国工商银行石家庄建设支行，账号：622243210536

产品生产情况：大量大批生产连衣裙和T恤衫

二、模拟企业会计工作组织及账务处理

（1）企业会计工作组织形式采用集中核算形式，记账方法采用借贷记账法。

（2）记账凭证可采用收款凭证、付款凭证、转账凭证，也可采用通用记账凭证。记账凭证按月编号，每月每种凭证分别从1号开始。

（3）本资料的账务处理程序可以采用以下两种方式中的任意一种：

①记账凭证账务处理程序（见图4－1）。总分类账根据每张记账凭证登记，明细分类账根据记账凭证和原始凭证逐笔登记。

②科目汇总表账务处理程序（见图4－2）。科目汇总表每半月汇总一次，总分类账根据科目汇总表登记，每半月登记一次。明细分类账根据记账凭证和原始凭证逐笔登记。

（4）企业根据《中华人民共和国会计法》《企业会计准则》《会计基础工作规范》等法律制度的有关规定，开设总分类账、明细分类账及现金日记账、银行存款日记账。总分类账采用"借方""贷方"和"余额"三栏式账簿；明细分类账簿根据需要分别选用三栏式、数量金额式、多栏式等格式账页。

（5）企业按会计准则的有关规定编制资产负债表、利润表、现金流量表和所有者权益变动表。

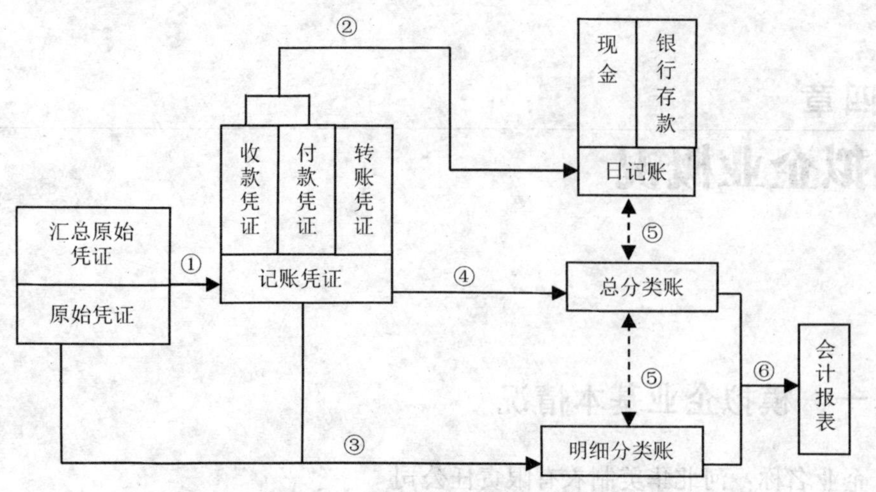

图 4-1 记账凭证账务处理程序

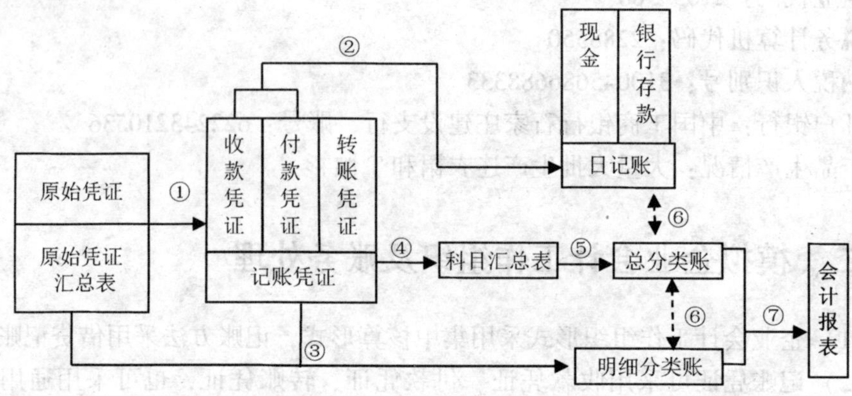

图 4-2 科目汇总表账务处理程序

三、模拟企业会计核算的有关规定

（一）资产业务核算制度

1. 现金核算制度

（1）河北华美制衣有限责任公司库存现金限额为 5 000 元，超过库存现金限额的现金应及时送存银行。

（2）企业每笔现金的收支，均应由制单会计编制收、付款凭证，由出纳人员根据审核无误的收、付款凭证，按照现金业务发生的先后顺序逐日逐笔序时地登记库存现金日记账。

（3）每日终了，库存现金日记账余额应与出纳保管的现金进行核对，保证账实相符。

（4）月份终了，库存现金日记账余额必须与“库存现金”总分类账账户的余额核对相符。

2. 银行存款核算制度

（1）制单会计应根据不同结算方式下收支银行存款的原始凭证，编制银行存款收、付款凭证，据以进行总分类核算；由出纳人员根据审核无误的原始凭证和银行收、付款凭证，按照银行存款业务发生的先后顺序逐日逐笔序时地登记银行存款日记账，每日终了应结出余额。

（2）“银行存款日记账”应定期与“银行对账单”核对，每月核对一次。企业账面余额与银行对账单余额之间如有差额，必须逐笔查明原因并按月编制“银行存款余额调表”，使差额调节相符。月份终了，“银行存款日记账”的余额必须与“银行存款”总分类账账户的余额核对相符。

3. 应收款项核算制度

（1）应收及预付款项按债务人名称设置明细分类账户，进行明细分类核算。应收款项减值损失采用备抵法核算。企业于每年年末估计应收款项减值损失，取坏账准备并转作当期费用。实际发生减值损失时，直接冲减已计提的减值准备，同时转销相应的应收款项余额。

（2）除应收账款外，其他的应收款项发生坏账的可能性不大，不计提坏账准备。每年年末，按应收账款余额的2%计提坏账准备。对于可能确认为坏账的应收账款应当报告有关决策机构，由其进行审查，确定是否确认为坏账。

（3）发生的各项坏账，应查明原因，明确责任，并在履行规定的手续后，做出账务处理。

（4）注销的坏账应当进行备查登记，做账销案存。已注销的坏账又收回时应当及时入账，防止形成账外款。

4. 存货核算制度

1）原材料

河北华美制衣有限责任公司的主要原材料为布料、扣子和线。原材料核算采用计划成本法。“材料采购”账户按材料的品名设置明细分类账，进行明细核算；“原材料”账户按材料的品名设置明细分类账，进行明细核算；“材料成本差异”账户只设置总分类账账户，不设置明细分类账账户，材料成本差异月末一次结转，材料成本差异率计算保留4位小数。

2）周转材料——包装物及低值易耗品

设置周转材料总分类账账户，按包装物、低值易耗品设置二级明细分类账账户。包装物及低值易耗品采用实际成本法组织日常核算。河北华美制衣有限责任公司的包装物主要是包装袋。包装袋在生产过程领用，用于包装产品，是产品的组成部分，属于一次性使用的包装物，发出时采用一次摊销法进行摊销。低值易耗品的单位价值比较低，使用期限不长，故发出时也采用一次摊销法进行摊销。

3）产成品

河北华美制衣有限责任公司生产的产品包括T恤衫和连衣裙。设置“库存商品”总分类账，按两种产品名称设置明细分类账进行明细核算。入库按实际成本计价核算，发出时采用全月一次加权平均法计价。

4）存货期末计量

年末，对存货进行减值测试，对于可变现净值低于成本的存货，即发生了减值的存货，确认减值损失，计提存货跌价准备。

5. 对外投资核算制度

公司的对外投资按照管理层的持有目的划分为交易性金融资产、持有至到期投资、可供出售金融资产和长期股权投资。年末，分别对持有至到期投资、可供出售金融资产和长期股权投资进行减值测试，对于发生减值的投资项目，确认减值损失，计提减值准备；交易性金融资产期末采用公允价值计量，账面价值和公允价值之间的差额计入当期损益。

6. 固定资产核算制度

固定资产划分为房屋建筑物、生产设备和管理设备三类，按照固定资产名称设置固定资产卡片，进行二级明细核算（实训时省略）。累计折旧账户不开设明细分类账账户。

固定资产折旧采用平均年限法分类计提，与税法规定的折旧方法相同。年末，对固定资产、在建工程进行减值测试，对于发生减值的固定资产、在建工程，确认减值损失，计提减值准备。

7. 投资性房地产核算制度

河北华美制衣有限责任公司所在地具有活跃的房地产市场，房地产公允价值能够可靠计量，投资性房地产后续计量采用公允价值计量模式。投资性房地产按照房地产“成本”和“公允价值变动”设置明细分类账，进行明细核算。年末，采用公允价值计量，账面价值和公允价值之间的差额计入当期损益。

8. 无形资产核算制度

无形资产均为使用寿命有限的无形资产，采用平均年限法按年摊销，残值为零。专利权的使用寿命即摊销期限，为15年。无形资产的摊销年限、摊销方法与税法规定相同。年末，对无形资产进行减值测试，对于发生减值的无形资产，确认减值损失，计提减值准备。

（二）负债业务核算制度

1. 应付职工薪酬核算制度

应付职工薪酬包括工资、职工福利费、五险一金、工会经费、职工教育经费和非货币性福利等。企业应当在“应付职工薪酬”总分类账账户下，按照“工资”“职工福利”“社会保险费”“住房公积金”“工会经费”“职工教育经费”和“非货币性福利”等应付职工薪酬项目设置明细分类账账户，进行明细分类核算，设定提存计划。

（1）公司职工工资由基本工资、奖金、岗位津贴三项构成。

（2）五险一金，包括养老保险、医疗保险、失业保险、工伤保险和生育保险等社会保险费以及住房公积金。基本社会保险及住房公积金以职工上年度月平均工资作为计提基数，但不得低于当地规定的最低工资标准，计提比例如表 4－1 所示。

表 4－1 企业和个人计提比例

项目	企业承担比例/%	个人承担比例/%
养老保险	18	8
医疗保险	5	2
失业保险	2	1
住房公积金	10.5	6.0

注：（1）假设本月各位职工的应付工资与职工上年度月平均工资相等，并且高于当地最低计提基数。

（2）本企业核算时只考虑养老保险、医疗保险和失业保险。

五险一金中个人缴纳的部分由企业代扣代缴。由个人承担的部分，月末从“应付职工薪酬——工资”明细分类账转出，转入“其他应付款”账户进行核算。

（3）工会经费按各期应付工资总额的 2% 计算确定，职工教育经费按各期应付工资总额的 1.5% 计算确定。

（4）职工福利费不预提，按实际发生额列支。

（5）公司按国家法律规定代扣代缴个人所得税，在月末计算工资时，从“应付职工薪酬——工资”明细分类账转入“应交税费——应交个人所得税”账户进行核算。

2. 税费核算制度

设置“应交税费”总分类账账户，按税费名称设置明细分类账户，进行明细核算。

（1）本公司为增值税一般纳税人，增值税税率为16%。公司适用的城市维护建设税税率为7%、教育费附加征收率为3%、地方教育费附加征收率为2%。增值税、城市维护建设税、教育费附加月末计算，次月15日内缴纳。

（2）企业所得税采用资产负债表债务法核算，假设资产、负债的账面价值与其计税基础一致，未产生暂时性差异。企业所得税的计税依据为应纳税所得额，税率为25%。企业所得税按月预计、按季预交，全年进行汇算清缴。

（3）为简化实训，不考虑企业应交的印花税、房产税、土地使用税、车船使用税等。

（三）收入业务核算制度

设置“主营业务收入”总分类账账户，按产品名称设置明细分类账，进行明细核算。

（四）成本、费用业务核算制度

本公司采用品种法计算产品成本；成本项目为直接材料、直接人工、制造费用。期末按生产工时比例分配制造费用。月末在产品和完工产品之间费用的分配采用约当产量法，除原材料在第一道工序开始时一次投入外，月末在产品的完工程度均为50%。成本计算中各分配率的计算保留四位小数，分配金额保留两位小数，尾差倒挤入最后一项进行调整。

（五）利润及其分配业务核算制度

公司根据有关规定，每年按当年净利润（扣除以前年度未弥补亏损后）的10%计提法定盈余公积，按净利润的40%向投资者分配现金股利。

第五章

会计核算资料

一、会计核算期初建账资料

（一）总分类账账户期初余额资料

总分类账账户期初余额资料参见表 5 - 1。

表 5 - 1　总分类账账户期初余额资料　　单位：元

序号	科目代码	账户名称	借方余额	贷方余额
1	1001	库存现金	4 500. 00	
2	1002	银行存款	2 974 887. 00	
3	1012	其他货币资金		
4	1011	交易性金融资产		
5	1122	应收账款	1 050 000. 00	
6	1221	其他应收款	3 500. 00	
7	1123	预付账款		
8	1231	坏账准备		5 000. 00
9	1401	材料采购		
10	1403	原材料	282 000. 00	
11	1404	材料成本差异		3 600. 00
12	1405	库存商品	590 760. 00	
13	1406	发出商品		
14	1411	周转材料	20 000. 00	
15	1511	长期股权投资		
16	1601	固定资产	6 000 000. 00	
17	1602	累计折旧		2 558 760. 00

续表

序号	科目代码	账户名称	借方余额	贷方余额
18	1603	固定资产减值准备		
19	1604	在建工程		
20	1606	固定资产清理		
21	1701	无形资产	6 300 000. 00	
22	1702	累计摊销		2 150 000. 00
23	2001	短期借款		1 500 000. 00
24	2202	应付账款		428 000. 00
25	2203	预收账款		
26	2211	应付职工薪酬		345 000. 00
27	2221	应交税费	732 213. 00	
28	2231	应付利息		20 000. 00
29	2232	应付股利		
30	2241	其他应付款		
31	4001	实收资本		3 500 000. 00
32	4002	资本公积		600 000. 00
33	4101	盈余公积		1 393 000. 00
34	4103	本年利润		3 598 500. 00
35	4104	利润分配		1 856 000. 00
36	5001	生产成本		
37	5101	制造费用		
38	6001	主营业务收入		
39	6101	公允价值变动		
40	6111	投资收益		
41	6301	营业外收入		
42	6401	主营业务成本		
43	6403	税金及附加		
44	6601	销售费用		
45	6602	管理费用		

续表

序号	科目代码	账户名称	借方余额	贷方余额
46	6603	财务费用		
47	6701	资产减值损失		
48	6711	营业外支出		
49	6801	所得税费用		
合 计			17 957 860. 00	17 957 860. 00

（二）明细分类账户期初建账资料

1. 三栏式明细分类账账户期初建账资料

三栏式明细分类账账户期初建账资料详见表 5 – 2。

表 5 – 2 三栏式明细分类账账户期初建账资料 单位：元

总分类账账户	明细分类账账户	借方余额	贷方余额
交易性金融资产	成本		
	公允价值变动		
其他货币资金	银行汇票存款		
	存出投资款		
应收账款	保定盛隆	23 400. 00	
	保定百货		
	盛达商贸	276 600. 00	
	海王电子	200 000. 00	
	北京兴达	550 000. 00	
	河北阳光		
其他应收款	刘红	1 500. 00	
	朱红		
	孙强	2 000. 00	
预付账款	天津盛宏		
材料采购	红色棉布		
	白色棉布		
	蓝色棉布		

续表

总分类账账户	明细分类账账户	借方余额	贷方余额
原材料	暂估入账	20 000.00	
应付账款	天津盛宏		122 000.00
	北京宏盛		
	北京宏远		286 000.00
	暂估入账		20 000.00
预收账款	盛达商贸		
利润分配	提取法定盈余公积		
	应付现金股利		
	未分配利润		1 856 000.00
主营业务收入	T恤衫		
	连衣裙		
主营业务成本	T恤衫		
	连衣裙		

2. 数量金额式明细分类账建账资料

数量金额式明细分类账建账资料参见表5－3。

表5－3 数量金额式明细分类账建账资料 单位：元

总分类账账户	明细分类账账户	计量单位	数量	单位计划成本	计划成本
原材料	白色棉布	米	2 500	25	62 500
	红色棉布	米	3 500	27	94 500
	蓝色棉布	米	3 000	22	66 000
	高级缝纫机油	瓶	300	130	39 000
总分类账账户	明细分类账账户	计量单位	数量	单位成本	总成本
周转材料	包装物	包	200	100	20 000
库存商品	T恤衫	件	2 100	138.6	291 060
	连衣裙	件	1 800	166.5	299 700

3. 多栏式明细分类账建账资料

多栏式明细分类账建账资料参见表5－4。

表5－4　多栏式明细分类账建账资料　　单位：元

<table>
<tr><th>总分类账账户</th><th colspan="2">明细分类账账户</th><th>借方余额</th><th>贷方余额</th></tr>
<tr><td rowspan="5">应交税费</td><td colspan="2">未交增值税</td><td></td><td>147 750.00</td></tr>
<tr><td colspan="2">应交城建税</td><td></td><td>10 342.50</td></tr>
<tr><td colspan="2">应交教育费附加</td><td></td><td>4 432.50</td></tr>
<tr><td colspan="2">应交所得税</td><td>899 625.00</td><td></td></tr>
<tr><td colspan="2">应交个人所得税</td><td></td><td>4 887.00</td></tr>
<tr><td rowspan="8">应付职工薪酬</td><td colspan="2">工资</td><td></td><td>312 000.00</td></tr>
<tr><td colspan="2">职工福利费</td><td></td><td></td></tr>
<tr><td colspan="2">社会保险费</td><td></td><td></td></tr>
<tr><td colspan="2">住房公积金</td><td></td><td></td></tr>
<tr><td colspan="2">职工教育经费</td><td></td><td>19 800.00</td></tr>
<tr><td colspan="2">工会经费</td><td></td><td>13 200.00</td></tr>
<tr><td colspan="2">非货币性福利</td><td></td><td></td></tr>
<tr><td colspan="2">设定提存计划</td><td></td><td></td></tr>
<tr><td rowspan="3">生产成本</td><td rowspan="3">T恤衫</td><td>直接材料</td><td></td><td></td></tr>
<tr><td>直接人工</td><td></td><td></td></tr>
<tr><td>制造费用</td><td></td><td></td></tr>
<tr><td rowspan="3">生产成本</td><td rowspan="3">连衣裙</td><td>直接材料</td><td></td><td></td></tr>
<tr><td>直接人工</td><td></td><td></td></tr>
<tr><td>制造费用</td><td></td><td></td></tr>
<tr><td rowspan="6">制造费用</td><td colspan="2">材料费</td><td></td><td></td></tr>
<tr><td colspan="2">人工费</td><td></td><td></td></tr>
<tr><td colspan="2">折旧费</td><td></td><td></td></tr>
<tr><td colspan="2">水电费</td><td></td><td></td></tr>
<tr><td colspan="2">办公费</td><td></td><td></td></tr>
<tr><td colspan="2">其他</td><td></td><td></td></tr>
<tr><td rowspan="3">管理费用</td><td colspan="2">办公费</td><td></td><td></td></tr>
<tr><td colspan="2">材料费</td><td></td><td></td></tr>
<tr><td colspan="2">修理费</td><td></td><td></td></tr>
</table>

续表

总分类账账户	明细分类账账户	借方余额	贷方余额
管理费用	租赁费		
	人工费		
	差旅费		
	折旧费		
	水电费		
	业务招待费		
	其他		

（三）日记账期初余额资料

日记账期初余额资料参见表5－5。

表5－5 日记账期初余额资料 单位：元

账户名称	借方余额	贷方余额
库存现金	4 500.00	
银行存款	2 974 887.00	

（四）损益类账户1～11月的累计发生额资料

损益类账户1～11月的累计发生额资料参见表5－6。

表5－6 损益类账户1～11月的累计发生额资料 单位：元

账户名称	1～11月份累计发生额
主营业务收入	7 000 000.00
其他业务收入	613 500.00
营业外收入	29 000.00
主营业务成本	3 150 000.00
税金及附加	140 000.00
销售费用	175 000.00
管理费用	455 000.00
财务费用	64 000.00
营业外支出	60 000.00
所得税费用	

二、本月基本经济业务的原始凭证

本月基本经济业务的原始凭证可参见图 5 -1 ~ 图 5 -134。

【1 -1】

记账凭证

2018 年 11 月 30 日　　记字第 85 号

摘要	会计科目		借方金额									贷方金额								
	总账科目	明细科目	百	拾	万	千	百	十	元	角	分	百	拾	万	千	百	十	元	角	分
材料暂估入账	原材料	暂估入账			2	0	0	0	0	0	0									
	应付账款	暂估入账												2	0	0	0	0	0	0
合计（人民币大写）贰万元整				¥	2	0	0	0	0	0	0		¥	2	0	0	0	0	0	0

会计主管：张平　记账：李均　出纳：　复核：李明　制单：王芳

图 5 -1　记账凭证

【1 -2】

收　料　单

供货单位：华丰公司　　材料编号：023

发票号码：　2018 年 11 月 28 日　收料仓库：1 号库

材料名称	计量单位	数量		实际成本					计划成本		备注
		应收	实收	单价	金额	运杂费	其他	合计	单价	金额	
白色棉布	米	800	800						25	20000	

采购部负责人：王强　采购员：张明　保管：钱东　仓库负责人：王华

图 5 -2　收料单（一）

【2－1】

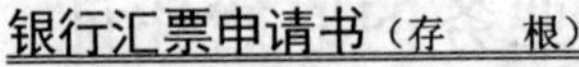

银行汇票申请书（存　根）

申请日期 2018 年 12 月 1 日　　　　№：0005315

申请人	河北华美制衣有限责任公司	收款人	北京宏远纺织有限责任公司
账号或住址	622243210536	账号或住址	622203689345
用途	结算往来款项	代理付款行	工商银行北京朝阳支行
汇款金额	人民币（大写）壹拾万元整	万 千 百 十 万 千 百 十 元 角 分 ¥ 1 0 0 0 0 0 0 0	
（河北华美制衣有限责任公司 财务专用章）　成李 印佳		科目＿＿＿＿ 对方科目＿＿＿＿ 财务主管　复核　经办 （中国工商银行 石家庄建设支行 20181201 转讫）	

此联申请人留存

图 5－3　银行汇票申请书（存根）

【3－1】

河北增值税专用发票

此联不作报销、抵扣凭证使用

开票日期：2018 年 12 月 2 日　　　　№00001357123５

购货单位	名称：河北阳光有限责任公司 纳税人登记号：311565847267985 地址、电话：高新区 85 号 开户银行及账号：工行高新区支行 622246856756			密码区	75+2145787（6）-/456789 加密版本 022114<> *33568899224523545644３-1545-1>>> >+5478879545621534124532１		
商品或劳务名称	规格型号	单位	数量	单价	金额	税率	税额
连衣裙		件	1000	300.00	300000.00	16%	48000.00
T 恤衫		件	600	240.00	144000.00	16%	23040.00
合计					¥444000.00		¥71040.00
价税合计（大写）	⊗伍拾壹万伍仟零肆拾元整				（小写）¥515040.00		
销货单位	名称：河北华美制衣有限责任公司 纳税人登记号：310045686688333 地址、电话：石家庄建设南大街 106 号 开户银行及账号：工行石家庄建设支行 622243210536			备注：	（河北华美制衣有限责任公司 310045686688333 发票专用章）		

第一联　记账联　销货方记账凭证

收款人：郑天　　复核：陈东　　开票人：李明　　销售单位：（章）

图 5－4　河北增值税专用发票（一）

【3－2】

中国工商银行 进账单（　　）

2018年12月2日

出票人	全　称	河北阳光有限责任公司	收款人	全　称	河北华美制衣有限责任公司
	账　号	622246856756		账　号	622243210536
	开户银行	工行高新区支行		开户银行	工商银行石家庄建设支行
人民币（大写）伍拾壹万伍仟零肆拾元整			千 百 十 万 千 百 十 元 角 分		¥ 5 1 5 0 4 0 0 0
票据种类	转账支票		中国工商银行 石家庄建设支行 20181202 转 讫 收款人开户银行盖章		
票据张数	1张				
复核	记账				

此联是银行交给收款人的回单

图5－5　中国工商银行进账单（一）

【3－3】

产品出库单

2018年12月2日

购货单位：河北阳光有限责任公司　　　　№201012001

产品名称	规格	计量单位	数量	
			请发	实发
连衣裙		件	1000	1000
T恤衫		件	600	600

仓库主管：李天　　记账：李均　　发货人：张洁　　经办人：王力

第二联　记账联

图5－6　产品出库单（一）

【4－1】

领　料　单

领用部门：生产车间　　　　　　　　　　　　　　　　　　编号：001

用途：T恤衫　　　　　　　　2018年12月3日

编号	名称	规格	单位	请领数量	实发数量	计划单位成本	计划总成本								
							百	十	万	千	百	十	元	角	分
	蓝色棉布		米	1000	1000	22			2	2	0	0	0	0	0
	白色棉布		米	200	200	25				5	0	0	0	0	0
备注						合计		¥	2	7	0	0	0	0	0

审批：李　乐　　发料：张　明　　记账：李　均　　领料：李　强

图5－7　领料单（一）

【4－2】

领　料　单

领用部门：生产车间　　　　　　　　　　　　　　　　　　编号：002

用途：连衣裙　　　　　　　　2018年12月3日

编号	名称	规格	单位	请领数量	实发数量	计划单位成本	计划总成本								
							百	十	万	千	百	十	元	角	分
	红色棉布		米	1000	1000	27			2	7	0	0	0	0	0
备注						合计		¥	2	7	0	0	0	0	0

审批：李　乐　　发料：张　明　　记账：李　均　　领料：李　强

图5－8　领料单（二）

【5－1】

北京增值税专用发票

抵扣联

开票日期：2018 年 12 月 3 日　　№000013571235

购货单位	名称：河北华美制衣有限责任公司 纳税人登记号：310045686688333 地址、电话：石家庄建设南大街106号 68005001 开户银行及账号：工行石家庄建设支行 622243210536				密码区	75+2145787（6）-/456789 加密版本 022114<> *3356889922452354564443-1545-1>>> >+54788795456215341245321	
商品或劳务名称	规格型号	单位	数量	单价	金额	税率	税额
红色棉布		米	1500	25.00	37500.00	16%	6000.00
蓝色棉布		米	2000	22.00	44000.00	16%	7040.00
合计					¥81500.00		¥13040.00
价税合计（大写）	⊗玖万肆仟伍佰肆拾元整				（小写）¥94540.00		
销货单位	名称：北京红盛纺织有限责任公司 纳税人登记号：110021566063145 地址、电话：北京朝阳区 68752003 开户银行及账号：工行北京朝阳支行 622203785345				备注：北京红盛纺织有限责任公司 110021566063145 发票专用章		

收款人：韩笑　复核：李强　开票人：张明　销售单位：（章）

第二联 抵扣联 购货方抵扣凭证

图 5－9　北京增值税专用发票（一）

【5－2】

北京增值税专用发票

发票联

开票日期：2018 年 12 月 3 日　　№000013571235

购货单位	名称：河北华美制衣有限责任公司 纳税人登记号：310045686688333 地址、电话：石家庄建设南大街106号 68005001 开户银行及账号：工行石家庄建设支行 622243210536				密码区	75+2145787（6）-/456789 加密版本 022114<> *3356889922452354564443-1545-1>>> >+54788795456215341245321	
商品或劳务名称	规格型号	单位	数量	单价	金额	税率	税额
红色棉布		米	1500	25.00	37500.00	16%	6000.00
蓝色棉布		米	2000	22.00	44000.00	16%	7040.00
合计					¥81500.00		¥13040.00
价税合计（大写）	⊗玖万肆仟伍佰肆拾元整				（小写）¥94540.00		
销货单位	名称：北京红盛纺织有限责任公司 纳税人登记号：110021566063145 地址、电话：北京朝阳区 68752003 开户银行及账号：工行北京朝阳支行 622203785345				备注：北京红盛纺织有限责任公司 110021566063145 发票专用章		

收款人：韩笑　复核：李强　开票人：张明　销售单位：（章）

第三联 发票联 购货方记账凭证

图 5－10　北京增值税专用发票（二）

【5－3】

北京增值税专用发票

抵扣联

开票日期：2018 年 12 月 3 日　　　　№3100114760

购货单位	名称：河北华美制衣有限责任公司 纳税人登记号：310045686688333 地址、电话：石家庄建设南大街 106 号 68005001 开户银行及账号：工行石家庄建设支行 622243210536			密码区	98+374683987(6)-/456789 加密版本 022114<> *3356889922452354564443-1545-1>>> >+5478879545621534124532 1		
商品或劳务名称	规格型号	单位	数量	单价	金额	税率	税额
运费			1	350.00	350.00	10%	35.00
合计					¥350.00	10%	¥35.00
价税合计（大写）	⊗叁佰捌拾伍元整				（小写）¥385.00		
销货单位	名称：北京立达物流有限公司 纳税人登记号：110121455114665 地址、电话：北京朝阳区 62233355 开户银行及账号：工行北京朝阳支行 832203785345				备注：北京立达物流有限公司 110121455114665 发票专用章		

收款人：张浩　　复核：周宁　　开票人：李峰　　销售单位：（章）

第二联 抵扣联 购货方抵扣凭证

图 5－11　北京增值税专用发票（三）

【5－4】

北京增值税专用发票

发票联

开票日期：2018 年 12 月 3 日　　　　№3100114760

购货单位	名称：河北华美制衣有限责任公司 纳税人登记号：310045686688333 地址、电话：石家庄建设南大街 106 号 68005001 开户银行及账号：工行石家庄建设支行 622243210536			密码区	98+374683987(6)-/456789 加密版本 022114<> *3356889922452354564443-1545-1>>> >+5478879545621534124532 1		
商品或劳务名称	规格型号	单位	数量	单价	金额	税率	税额
运费			1	350.00	350.00	10%	35.00
合计					¥350.00	10%	¥35.00
价税合计（大写）	⊗叁佰捌拾伍元整				（小写）¥385.00		
销货单位	名称：北京立达物流有限公司 纳税人登记号：110121455114665 地址、电话：北京朝阳区 62233355 开户银行及账号：工行北京朝阳支行 832203785345				备注：北京立达物流有限公司 110121455114665 发票专用章		

收款人：张浩　　复核：周宁　　开票人：李峰　　销售单位：（章）

第三联 发票联 购货方记账凭证

图 5－12　北京增值税专用发票（四）

【5－5】

中国工商银行 电汇凭证（回单） 1

□普通 □加急 委托日期 2018 年 12 月 3 日

汇款人	全称	河北华美制衣有限责任公司	收款人	全称	北京立达物流有限公司
	账号	622243210536		账号	832203785345
	汇出地点	河北 省 石家庄 市/县		汇入地点	湖北 省 武汉 市/县
汇出行名称		工行石家庄建设支行	汇入行名称		工行北京朝阳支行
金额	人民币（大写）叁佰捌拾伍元整			亿 千 百 十 万 千 百 十 元 角 分	¥ 3 8 5 0 0
中国工商银行石家庄建设支行 20181203 转讫			支付密码		（略）
汇出行签章			附加信息及用途：货款		复核 记账

此联汇出行给汇款人的回单

图 5－13 中国工商银行电汇凭证（一）

【5－6】

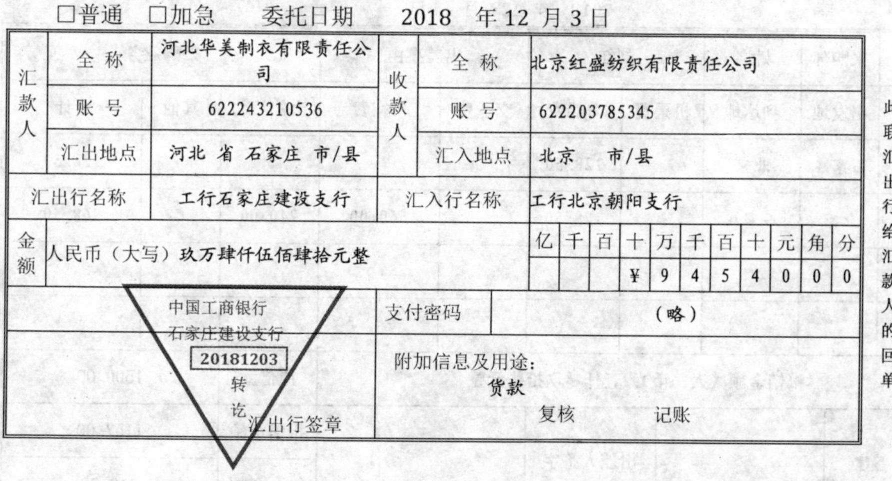

中国工商银行 电汇凭证（回单） 1

□普通 □加急 委托日期 2018 年 12 月 3 日

汇款人	全称	河北华美制衣有限责任公司	收款人	全称	北京红盛纺织有限责任公司
	账号	622243210536		账号	622203785345
	汇出地点	河北 省 石家庄 市/县		汇入地点	北京 市/县
汇出行名称		工行石家庄建设支行	汇入行名称		工行北京朝阳支行
金额	人民币（大写）玖万肆仟伍佰肆拾元整			亿 千 百 十 万 千 百 十 元 角 分	¥ 9 4 5 4 0 0 0
中国工商银行石家庄建设支行 20181203 转讫			支付密码		（略）
汇出行签章			附加信息及用途：货款		复核 记账

此联汇出行给汇款人的回单

图 5－14 中国工商银行电汇凭证（二）

【5－7】

收　料　单

供货单位：　　　　　　　　　　　　　　　　　　　　　　　　编号：001
发票号码：000013571235　　　　2018 年 12 月 3 日　　　　收料仓库：1 号库

材料名称	计量单位	数量		实际成本					计划成本		备注
		应收	实收	单价	金额	运杂费	其他	合计	单价	金额	

采购部负责人：王　强　　采购员：张　明　　保管：钱　东　　仓库负责人：王　华

图 5－15　收料单（二）

【6－1】

差 旅 费 报 销 单

2018　年 12　月　4 日

部门	采购部	姓名	刘红		出差事由		采购业务		
日期	出发地	到达地	机票费	车船费	交通费	住宿费	出差补助	其他	合计
12.1	石家庄	北京		128.50					128.50
12.3	北京	石家庄		128.50		660.00	240.00		968.50
报销金额（人民币）：壹仟零玖拾柒元整							原借款	1500.00	
领导签字			出差人签字				报销金额	1157.00	
							结余金额	343.00	

图 5－16　差旅费报销单（一）

【6-2】

收 款 收 据

今收到____________________	第三联 交财务
交来：____________________	
金额（大写）　拾　万　仟　佰　拾　元　角　分	
¥________　□现金　□支票　□信用卡　□其他	
收款单位（盖章）	

印章：河北华美制衣有限责任公司 财务专用章

2018年12月4日　　№.

会计主管　　会计　　出纳　　经手人

图5-17　收款收据（一）

【6-3】

北京增值税专用发票

开票日期：2018年12月3日　　№4600114762

购货单位	名称：河北华美制衣有限责任公司 纳税人登记号：310045686688333 地址、电话：石家庄建设南大街106号 68005001 开户银行及账号：工行石家庄建设支行 622243210536				密码区	98+374683987（6）-/456789 加密版本 022114<> *3356889922452354564443-1545-1>>> >+547887954562153412453 21	
商品或劳务名称	规格型号	单位	数量	单价	金额	税率	税额
住宿费			2	311.32	622.64	6%	37.36
合计					¥622.64	6%	¥37.36
价税合计（大写）	⊗陆佰陆拾元整				（小写）¥660.00		
销货单位	名称：北京锦江商务酒店 纳税人登记号：476121455114988 地址、电话：北京市海淀区 62220023 开户银行及账号：工行北京海淀支行 897203785789				备注：北京锦江商务酒店 476121455114988 发票专用章		

第二联 抵扣联 购货方抵扣凭证

收款人：张强　　复核：陈宁　　开票人：李明　　销售单位：（章）

图5-18　北京增值税专用发票（五）

【6－4】

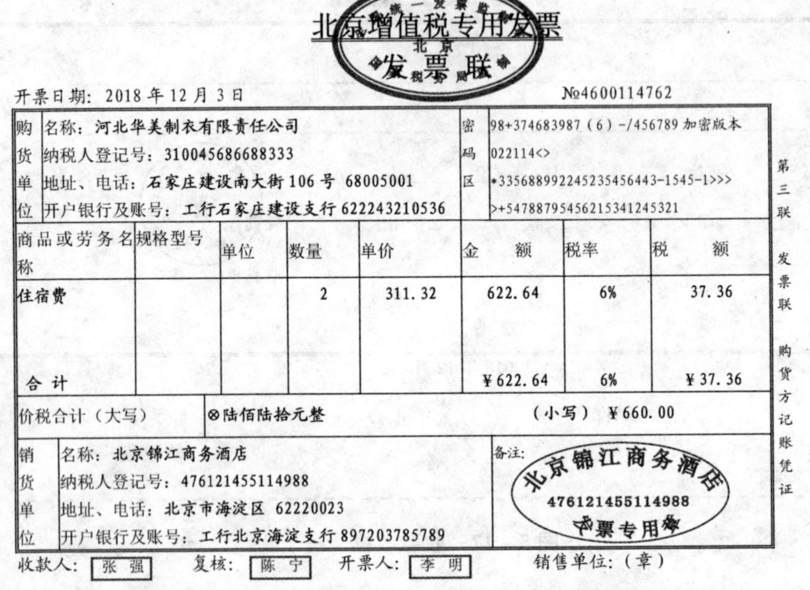

北京增值税专用发票

发票联

开票日期：2018 年 12 月 3 日 №4600114762

购货单位	名称：河北华美制衣有限责任公司 纳税人登记号：310045686688333 地址、电话：石家庄建设南大街 106 号 68005001 开户银行及账号：工行石家庄建设支行 622243210536			密码区	98+374683987（6）-/456789 加密版本 022114<> *3356889922452354564 43-1545-1>>> >+547887954562153412 45321		
商品或劳务名称	规格型号	单位	数量	单价	金 额	税率	税 额
住宿费			2	311.32	622.64	6%	37.36
合 计					￥622.64	6%	￥37.36
价税合计（大写）	⊗陆佰陆拾元整				（小写）￥660.00		
销货单位	名称：北京锦江商务酒店 纳税人登记号：476121455114988 地址、电话：北京市海淀区 62220023 开户银行及账号：工行北京海淀支行 897203785789				备注：北京锦江商务酒店 476121455114988 发票专用章		

收款人：张强　复核：陈宁　开票人：李明　销售单位：（章）

第三联 发票联 购货方记账凭证

图 5－19 北京增值税专用发票（六）

【7－1】

北京增值税专用发票

发票联

开票日期：2018 年 12 月 5 日 №000013571235

购货单位	名称：河北华美制衣有限责任公司 纳税人登记号：310045686688333 地址、电话：石家庄建设南大街 106 号 68005001 开户银行及账号：工行石家庄建设支行 622243210536			密码区	75+2145787（6）-/456789 加密版本 022114<> *3356889922452354564 43-1545-1>>> >+547887954562153412 45321		
商品或劳务名称	规格型号	单位	数量	单价	金 额	税率	税 额
白色棉布		米	3000	26.00	78000.00	16%	12480.00
合 计					￥78000.00		￥12480.00
价税合计（大写）	⊗玖万零肆佰捌拾元整				（小写）￥90480.00		
销货单位	名称：北京宏远纺织有限责任公司 纳税人登记号：110021566064135 地址、电话：北京朝阳区 68232233 开户银行及账号：工行北京朝阳支行 622203689345				备注：北京宏远纺织有限责任公司 110021566064135 发票专用章		

收款人：高强　复核：李宁　开票人：周明　销售单位：（章）

第三联 发票联 购货方记账凭证

图 5－20 北京增值税专用发票（七）

【7－2】

北京增值税专用发票

抵扣联

开票日期：2018 年 12 月 5 日　　　　№000013571235

购货单位	名称：河北华美制衣有限责任公司 纳税人登记号：310045686688333 地址、电话：石家庄建设南大街 106 号 68005001 开户银行及账号：工行石家庄建设支行 622243210536				密码区	75+2145787（6）-/456789 加密版本 022114<> *3356889922452354564 43-1545-1>>> >+5478879545621534124 5321		
商品或劳务名称	规格型号	单位	数量	单价	金额	税率	税额	
白色棉布		米	3000	26.00	78000.00	16%	12480.00	
合计					¥78000.00		¥12480.00	
价税合计（大写）	⊗玖万零肆佰捌拾元整				（小写）¥90480.00			
销货单位	名称：北京宏远纺织有限责任公司 纳税人登记号：110021566064135 地址、电话：北京朝阳区 68232233 开户银行及账号：工行北京朝阳支行 622203689345				备注：			

第二联　抵扣联　购货方抵扣凭证

收款人：高强　　复核：李宁　　开票人：周明　　销售单位：（章）

北京宏远纺织有限责任公司 110021566064135 发票专用章

图 5－21　北京增值税专用发票（八）

【7－3】

收料单

供货单位：　　　　　　　　　　　　编号：003

发票号码：　　2018 年 12 月 5 日　　收料仓库：1 号库

材料名称	计量单位	数量		实际成本					计划成本		备注
		应收	实收	单价	金额	运杂费	其他	合计	单价	金额	

采购部负责人：王强　　采购员：张明　　保管：钱东　　仓库负责人：王华

图 5－22　收料单（三）

【7－4】

付款期限 壹 个 月

中国工商银行
银行汇票（解讫通知联） 3

地名 BB 01　　00147528

出票日期（大写）贰零壹捌年壹拾贰月零伍日

代理付款行：工行建设支行　行号：32658795261

收款人：北京宏远纺织有限责任公司　账号：622203689345

出票金额 人民币（大写） 壹拾万元整

实际结算金额 人民币（大写） 玖万零肆佰捌拾元整

千	百	十	万	千	百	十	元	角	分
		¥	9	0	4	8	0	0	0

申请人：河北华美制衣有限责任公司　账号：622243210536

出票行：工行石家庄建设支行　行号：23569　密押：

备注：

出票行签章

多余金额

千	百	十	万	千	百	十	元	角	分

复核　经办　　复核　记账

（印章：中国工商银行 石家庄建设支行 20181205 转讫）

此联代理付款行兑付后随报单寄出票行　由出票行作多余款贷方凭证

图 5－23　中国工商银行银行汇票（一）

【7－5】

付款期限 壹 个 月

中国工商银行
银 行 汇 票　　多余款

地名 BB 01　　00147528

出票日期（大写）贰零壹捌年壹拾贰月零伍日

代理付款行：工行建设支行　行号：32658795261

收款人：北京宏远纺织有限责任公司　账号：622203689345

出票金额 人民币（大写） 壹拾万元整

实际结算金额 人民币（大写） 玖万零肆佰捌拾元整

千	百	十	万	千	百	十	元	角	分
		¥	9	0	4	8	0	0	0

申请人：河北华美制衣有限责任公司　账号：622243210536

出票行：工行石家庄建设支行　行号：23569　密押：

备注：

出票行签章

2018 年 12 月 5 日

多余金额

千	百	十	万	千	百	十	元	角	分
			¥	9	5	2	0	0	0

左列退回多余金额已收入你账户内。

（印章：中国工商银行 石家庄建设支行 20181205 转讫）

此联出票行结算多余款后交申请人

图 5－24　中国工商银行银行汇票（二）

【8-1】

河北增值税专用发票

此联不作报销、扣税凭证使用

开票日期：2018 年 12 月 6 日　　№00013571236

购货单位	名称：保定百货有限公司 纳税人登记号：311565847266677 地址、电话：长城路 85 号 62332008 开户银行及账号：工行长城路支行 622246850066				密码区	75+2145787（6）-/456789 加密版本 022114<> *335688992245235456443-1545-1>>> >+54788795456215341245321	
商品或劳务名称	规格型号	单位	数量	单价	金额	税率	税额
连衣裙		件	200	300.00	60000.00	16%	9600.00
T 恤衫		件	300	240.00	72000.00	16%	11520.00
合计					￥132000.00		￥21120.00
价税合计（大写）	⊗壹拾伍万叁仟壹佰贰拾元整				（小写）￥153120.00		
销货单位	名称：河北华美制衣有限责任公司 纳税人登记号：310045686688333 地址、电话：石家庄建设南大街 106 号 68005001 开户银行及账号：工行石家庄建设支行 622243210536				备注：	河北华美制衣有限责任公司 310045686688333 发票专用章	

收款人：郑天　复核：陈东　开票人：李明　销售单位：（章）

第一联 记账联 销货方记账凭证

图 5-25 河北增值税专用发票（二）

【8-2】

产品出库单

2018 年 12 月 6 日

购货单位：保定百货有限公司　　№201012001

产品名称	规格	计量单位	数量	
			请发	实发
连衣裙		件	200	200
T 恤衫		件	300	300

仓库主管：张强　记账：李均　发货人：周明　经办人：高峰

第二联 记账联

图 5-26 产品出库单（二）

【9-1】

付款申请书

部门：采购部　　2018年12月6日

事由	支付设备款	收款单位	石家庄友诚缝纫设备商行
金额	¥114660.00	开户行	工行石家庄平安支行
付款方式	转账支票	账号	612258546221
人民币（大写）：壹拾壹万肆仟陆佰陆拾元整			
公司领导	财务主管	部门领导	经办人

图5-27 付款申请书（一）

【9-2】

河北增值税专用发票

抵扣联

开票日期：2018年12月6日　　№000013567835

购货单位	名称：河北华美制衣有限责任公司 纳税人登记号：310045686688333 地址、电话：石家庄建设南大街106号 开户银行及账号：工行石家庄建设支行622243210536				密码区	75+2145787（6）-/456789 加密版本 022114<> *3356889922452354564443-1545-1>>> >+5478879545621534124532l	
商品或劳务名称	规格型号	单位	数量	单价	金额	税率	税额
高速双针平缝机	T-8420	台	10	9800.00	98000.00	16%	15680.00
合计					¥98000.00		¥15680.00
价税合计（大写）	⊗壹拾壹万叁仟陆佰捌拾元整				（小写）¥113680.00		
销货单位	名称：石家庄友诚缝纫设备商行 纳税人登记号：310045686677111 地址、电话：石家庄平安南大街26号 61110777 开户银行及账号：工行石家庄平安支行612258546221				备注：石家庄友诚缝纫设备商行 310045686677111 发票专用章		

第二联 抵扣联 购货方抵扣凭证

收款人：刘强　复核：陈明　开票人：李东　销售单位：

图5-28 河北增值税专用发票（三）

【9-3】

河北增值税专用发票

发票联

开票日期：2018 年 12 月 6 日　　№000013567835

购货单位	名称：河北华美制衣有限责任公司 纳税人登记号：310045686688333 地址、电话：石家庄建设南大街 106 号 68005001 开户银行及账号：工行石家庄建设支行 622243210536				密码区	75+2145787（6）-/456789 加密版本 022114<> *3356889922452354564443-1545-1>>> >+5478879545621534124532l	
商品或劳务名称	规格型号	单位	数量	单价	金额	税率	税额
高速双针平缝机	T-8420	台	10	9800.00	98000.00	16%	15680.00
合计					¥98000.00		¥15680.00
价税合计（大写）	⊗壹拾壹万叁仟陆佰捌拾元整				（小写） ¥113680.00		
销货单位	名称：石家庄友诚缝纫设备商行 纳税人登记号：310045686677111 地址、电话：石家庄平安南大街 26 号 61110777 开户银行及账号：工行石家庄平安支行612258546221				备注：		

收款人：刘强　复核：陈明　开票人：李东　销售单位：

第三联 发票联 购货方记账凭证

图 5-29 河北增值税专用发票（四）

【9-4】

中国工商银行
转账支票存根
№：699005
科　目
对方科目
出票日期：2018 年 12 月 6 日

收款人：石家庄友诚缝纫设备商行
金　额：¥113680.00
用　途：付设备款
备注：

图 5-30 中国工商银行转账支票存根（一）

【10－1】

借　款　单

2018年12月6日　　　　№：2010120002

借款单位	办公室	借款理由	出差
借款金额	人民币（大写）：贰仟元整　　　　¥2000.00 现金付讫		
部门负责人（签字） 同意 张明　2018.12.6	财务负责人（签字） 同意 李明成　2018.12.6	借款人（签字） 朱红　2018.12.6	

图5－31　借款单

【11－1】

河北增值税专用发票

发票联

开票日期：2018年12月7日　　　　№000013567835

购货单位	名称：河北华美制衣有限责任公司 纳税人登记号：310045686688333 地址、电话：石家庄建设南大街106号 68005001 开户银行及账号：工行石家庄建设支行622243210536				密码区	75+2145787（6）-/456789 加密版本 022114<> *335688992245235456443-1545-1>>> >+5478879545621534124532 1		
商品或劳务名称	规格型号	单位	数量	单价	金额	税率	税额	
白色棉布		米	800	24.00	19200.00	16%	3072.00	
合计					¥19200.00		¥3072.00	
价税合计（大写）	⊗贰万贰仟贰佰柒拾贰元整					（小写）¥22272.00		
销货单位	名称：太原双美纺织有限责任公司 纳税人登记号：310032166676677 地址、电话：太原市南海街56号 54332322 开户银行及账号：工行太原南海支行342258542232				备注： 太原双美纺织有限责任公司 310032166676677 发票专用章			

收款人：郑天　　复核：陈东　　开票人：李明　　销售单位：（章）

第二联　抵扣联　购货方抵扣凭证

图5－32　河北增值税专用发票（五）

【11－2】

河北增值税专用发票

发票联

开票日期：2018 年 12 月 7 日　　　　№000013567835

购货单位	名称：河北华美制衣有限责任公司 纳税人登记号：310045686688333 地址、电话：石家庄建设南大街 106 号 68005001 开户银行及账号：工行石家庄建设支行 622243210536			密码区	75+2145787（6）-/456789 加密版本 022114<> *3356889922452354564 43-1545-1>>> >+547887954562153 41245321		
商品或劳务名称	规格型号	单位	数量	单价	金额	税率	税额
白色棉布		米	800	24.00	19200.00	16%	3072.00
合计					¥19200.00		¥3072.00
价税合计（大写）	⊗贰万贰仟贰佰柒拾贰元整					（小写）	¥22272.00
销货单位	名称：太原双美纺织有限责任公司 纳税人登记号：310032166676677 地址、电话：太原市南海街 56 号 54332322 开户银行及账号：工行太原南海支行342258542232				备注：太原双美纺织有限责任公司 310032166676677 发票专用章		

收款人：郑天　复核：陈东　开票人：李明　销售单位：（章）

第三联 发票联 购货方记账凭证

图 5－33　河北增值税专用发票（六）

【11－3】

中国工商银行　电汇凭证　（回单）　1

□普通　□加急　委托日期　2018 年 12 月 7 日

汇款人	全称	河北华美制衣有限责任公司	收款人	全称	太原双美纺织有限责任公司
	账号	622243210536		账号	342258542232
	汇出地点	河北 省 石家庄 市/县		汇入地点	太原 市/县
汇出行名称		工行石家庄建设支行	汇入行名称		工行太原南海支行
金额	人民币（大写）贰万贰仟贰佰柒拾贰元整				亿千百十万千百十元角分 ¥2227200
中国工商银行石家庄建设支行 20181207 转讫 汇出行签章			支付密码		（略）
			附加信息及用途：货款		复核　记账

此联汇出行给汇款人的回单

图 5－34　中国工商银行电汇凭证（三）

【12－1】

河北增值税专用发票

此联不作报销、抵扣凭证使用

开票日期：2018 年 12 月 8 日　　　　№000013571236

购货单位	名称：海王电子有限公司 纳税人登记号：311565842212985 地址、电话：石家庄市黄河大街 36 号 60053552 开户银行及账号：工行高新区支行 612246853112				密码区	75+2145787（6）-/456789 加密版本 022114<> *3356889922452354564443-1545-1>>> >+54788795456215341245321		
商品或劳务名称	规格型号	单位	数量	单价	金额	税率	税额	
T 恤衫		件	400	250.00	100000.00	16%	16000.00	
合计					¥100000.00		¥16000.00	
价税合计（大写）	⊗壹拾壹万陆仟元整				（小写）¥116000.00			
销货单位	名称：河北华美制衣有限责任公司 纳税人登记号：310045686688333 地址、电话：石家庄建设南大街 106 号 68005001 开户银行及账号：工行石家庄建设支行 622243210536				备注：			

收款人：郑天　　复核：陈东　　开票人：李明　　销售单位：（章）

第一联 记账联 销货方记账凭证

图 5－35　河北增值税专用发票（七）

【12－2】

中国工商银行 进账单（　　）

2018 年 12 月 8 日

出票人	全称	海王电子有限公司	收款人	全称	河北华美制衣有限责任公司
	账号	612246853112		账号	622243210536
	开户银行	工行高新区支行		开户银行	工行石家庄建设支行
人民币（大写）壹拾壹万陆仟元整			千百十万千百十元角分		¥11600000
票据种类	转账支票		收款人开户银行盖章		中国工商银行 石家庄建设支行 20181208 转讫
票据张数	1 张				
复核	记账				

此联是银行交给收款人的回单

图 5－36　中国工商银行进账单（二）

【12－3】

产品出库单

2018 年 12 月 8 日

购货单位：海王电子有限公司　　　　№201012001

产品名称	规格	计量单位	数量	
			请发	实发
T恤衫		件	400	400

第二联　记账联

仓库主管：张强　记账：李均　发货人：周明　经办人：高峰

图 5－37　产品出库单（三）

【13－1】

中国工商银行
现金支票存根
№：899005
科　　目
对方科目
出票日期：2018 年 12 月 8 日

收款人：河北华美制衣有限责任公司
金　额：¥3000.00
用　途：备用金
备注：

图 5－38　中国工商银行现金支票存根（一）

【14－1】

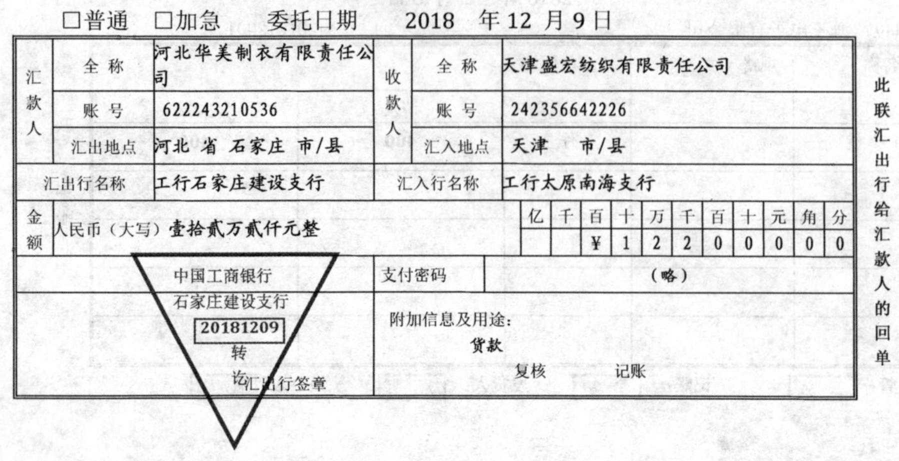

中国工商银行 电汇凭证 （回单） 1

□普通 □加急 委托日期 2018 年 12 月 9 日

汇款人			收款人		
汇款人	全称	河北华美制衣有限责任公司	收款人	全称	天津盛宏纺织有限责任公司
	账号	622243210536		账号	242356642226
	汇出地点	河北 省 石家庄 市/县		汇入地点	天津 市/县
汇出行名称		工行石家庄建设支行	汇入行名称		工行太原南海支行
金额	人民币（大写）壹拾贰万贰仟元整		亿千百十万千百十元角分		¥12200000
中国工商银行 石家庄建设支行 20181209 转讫 汇出行签章			支付密码		（略）
			附加信息及用途：货款 复核 记账		

此联汇出行给汇款人的回单

图 5－39 中国工商银行电汇凭证（四）

【15－1】

中国工商银行 进账单（ ）

2018 年 12 月 9 日

出票人			收款人		
出票人	全称	盛达商贸有限公司	收款人	全称	河北华美制衣有限责任公司
	账号	612233117455		账号	622243210536
	开户银行	工行西大街支行		开户银行	工行石家庄建设支行
人民币（大写）壹拾伍万元整			千百十万千百十元角分		¥15000000
票据种类	转账支票		收款人开户银行盖章 中国工商银行 石家庄建设支行 20181209 转讫		

此联是银行交给收款人的回单

图 5－40 中国工商银行进账单（三）

【16－1】

中国工商银行　电子转账凭证

委托日期　2018　年 12 月 10 日

<table>
<tr><td rowspan="3">汇款人</td><td>全称</td><td>河北华美制衣有限责任公司</td><td rowspan="3">收款人</td><td>全称</td><td colspan="11">批量代付</td></tr>
<tr><td>账号</td><td>622243210536</td><td>账号</td><td colspan="11"></td></tr>
<tr><td>汇出地点</td><td>河北 省 石家庄 市/县</td><td>汇入地点</td><td colspan="11">石家庄　市/县</td></tr>
<tr><td colspan="2">汇出行名称</td><td>工行石家庄建设支行</td><td colspan="2">汇入行名称</td><td colspan="11"></td></tr>
<tr><td rowspan="2">金额</td><td colspan="4" rowspan="2">人民币（大写）叁拾壹万贰仟元整</td><td>亿</td><td>千</td><td>百</td><td>十</td><td>万</td><td>千</td><td>百</td><td>十</td><td>元</td><td>角</td><td>分</td></tr>
<tr><td></td><td></td><td>¥</td><td>3</td><td>1</td><td>2</td><td>0</td><td>0</td><td>0</td><td>0</td><td>0</td></tr>
<tr><td colspan="3" rowspan="2">中国工商银行
石家庄建设支行
20181210
转
讫
汇出行签章</td><td colspan="2">支付密码</td><td colspan="11">（略）</td></tr>
<tr><td colspan="13">附加信息及用途：
职工工资
复核　记账</td></tr>
</table>

此联汇出行给汇款人的回单

图 5－41　中国工商银行电子转账凭证

【17－1】

中国工商银行电子缴税回单

转账日期：2018 年 12 月 10 日

纳税人全称及纳税人识别号：河北华美制衣有限责任公司 310045686688333

付款人全称：河北华美制衣有限责任公司

付款人账号：622243210536　　征收机关名称：石家庄市国家税务局

付款人开户银行：工商银行建设支行　　收款国库（银行）名称：国家金库石家庄市支库

小写（合计）金额：¥147750.00　　缴款书交易流水号：21126789

大写（合计）金额：人民币壹拾肆万柒仟柒佰伍拾元整　　税票号：13016226791139

税（费）种名称	所属时期	实缴金额
增值税	20181101-20181130	¥147750.00

中国工商银行
石家庄建设支行
20181210
转
讫

第一次打印　　打印时间：20181210

图 5－42　中国工商银行电子缴税回单（一）

【17－2】

中国工商银行电子缴税回单

转账日期：2018年12月10日

纳税人全称及纳税人识别号：河北华美制衣有限责任公司 310045686688333

付款人全称：河北华美制衣有限责任公司

付款人账号：622243210536　　征收机关名称：石家庄市地方税务局

付款人开户银行：工商银行建设支行　　收款国库（银行）名称：国家金库石家庄市支库

小写（合计）金额：￥19662.00　　缴款书交易流水号：21126798

大写（合计）金额：人民币壹万玖仟陆佰陆拾贰元整　　税票号：13016226711539

税（费）种名称	所属时期	实缴金额
城市维护建设税	20181101-20171130	￥10342.50
教育费附加	20181101-20171130	￥4432.50
个人所得税	20181101-20171130	￥4887.00

第一次打印　　打印时间：20181210

中国工商银行 石家庄建设支行 20181210 转 讫

图5－43　中国工商银行电子缴税回单（二）

【18－1】

股权转让协议

转让方（甲方）：河北恒祥实业有限公司

受让方（乙方）：河北华美制衣有限责任公司

为了更好地实现产业化发展，甲、乙双方经过友好协商，就有关股权转让等相关事宜，达成如下协议，以资信守：

1. 乙方通过支付存款收购甲方35%的股权，该股权取得后乙方将对甲方具有重大影响。

2. 取得投资时河北恒祥实业有限公司可辨认净资产的公允价值为2500000.00元。

3. 本协议自双方签字之日起生效。

转让方：河北恒祥实业有限公司

法人代表（签字）：王安华

日期：2018年12月11日

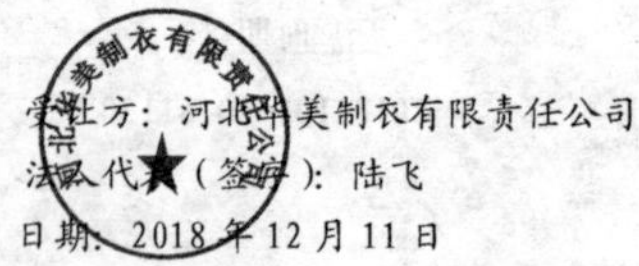

受让方：河北华美制衣有限责任公司

法人代表（签字）：陆飞

日期：2018年12月11日

图5－44　股权转让协议

【18－2】

股东持股证明书

河北华美制衣有限责任公司：

截至2018年12月11日，根据股东名册记载，贵公司持有本公司股分总额的35%。

河北恒祥实业有限公司
2018年12月11日

图5－45 股东持股证明书

【18－3】

中国工商银行
转账支票存根
№：699006
科 目
对方科目
出票日期：2018年12月11日

收款人：河北恒祥实业有限公司
金 额：¥800000.00
用 途：购买股权
备注：

图5－46 中国工商银行转账支票存根（二）

【19－1】

付款申请书

部门：采购部　　2018年12月11日

事由	支付设备安装费	收款单位	石家庄三友安装公司
金额	¥2220.00	开户行	工行石家庄平安支行
付款方式	转账支票	账号	612226356226
人民币（大写）：贰仟贰佰贰拾元整			
公司领导	财务主管	部门领导	经办人

图5－47　付款申请书（二）

【19－2】

河北增值税专用发票

抵扣联

开票日期：2018年12月12日　　№000013678536

购货单位	名称：河北华美制衣有限责任公司 纳税人登记号：310045686688333 地址、电话：石家庄建设南大街106号 68005001 开户银行及账号：工行石家庄建设支行 622243210536	密码区	75-2145787（6）-/456789 加密版本 022114<> *3356889922452354564 43-1545-1>>> >+547887954562153 41245321			
商品或劳务名称	规格型号	单位	数量	单价	金额	税率	税额
安装费					2000.00	10%	200.00
合计					¥2000.00		¥200.00
价税合计（大写）	⊗贰仟贰佰元整			（小写）¥2200.00			
销货单位	名称：石家庄友诚缝纫设备商行 纳税人登记号：310045686677111 地址、电话：石家庄平安南大街26号 61110777 开户银行及账号：工行石家庄长安支行 612258546221	备注：					

收款人：郑天　复核：陈东　开票人：×张兰　销售单位：（章）

第二联 抵扣联 购货方抵扣凭证

图5－48　河北增值税专用发票（八）

【19－3】

河北增值税专用发票

发票联

开票日期：2018 年 12 月 12 日 №000013678536

购货单位	名称：河北华美制衣有限责任公司 纳税人登记号：310045686688333 地址、电话：石家庄建设南大街106号 68005001 开户银行及账号：工行石家庄建设支行 622243210536			密码区	75+2145787（6）-/456789 加密版本 022114<> *3356889922452354564443-1545-1>>> >+5478879545621534124532l		
商品或劳务名称	规格型号	单位	数量	单价	金额	税率	税额
安装费					2000.00	10%	200.00
合计					¥2000.00		¥200.00
价税合计（大写）	⊗贰仟贰佰元整				（小写） ¥2200.00		
销货单位	名称：石家庄友诚缝纫设备商行 纳税人登记号：310045686677111 地址、电话：石家庄平安南大街26号 61110777 开户银行及账号：工行石家庄长安支行 612258546221				备注：石家庄友诚缝纫设备商行 310045686677111 发票专用章		

收款人：郑天 复核：陈东 开票人：张兰 销售单位：（章）

第三联 发票联 购货方记账凭证

图 5－49 河北增值税专用发票（九）

【19－4】

中国工商银行

转账支票存根

№：699007

科　目

对方科目

出票日期：2018 年 12 月 11 日

收款人：三友安装公司
金　额：¥2200.00
用　途：付安装费
备注：

图 5－50 中国工商银行转账支票存根（三）

【20－1】

付款申请书

部门：销售部　　　　2018 年 12 月 11 日

事由	支付广告费	收款单位	河北风行广告有限公司
金额	¥10600.00	开户行	工行石家庄裕华支行
付款方式	转账支票	账号	612239186289
人民币（大写）：壹万零陆佰元整			
公司领导	财务主管	部门领导	经办人

图 5－51　付款申请书（三）

【20－2】

河北增值税专用发票

抵扣联

开票日期：2018 年 12 月 11 日　　　　№000013569785

购货单位	名称：河北华美制衣有限责任公司 纳税人登记号：310045686688333 地址、电话：石家庄建设南大街 106 号 68005001 开户银行及账号：工行石家庄建设支行 622243210536			密码区	75+2145787（6）-/456789 加密版本 022114<> *335688992245235456443-1545-1>>> >+54788795456215341245321		
商品或劳务名称	规格型号	单位	数量	单价	金额	税率	税额
广告费			1	10000.00	10000.00	6%	600.00
合计					¥10000.00		¥600.00
价税合计（大写）	⊗壹万零陆佰元整				（小写）¥10600.00		
销货单位	名称：河北风行广告有限公司 纳税人登记号：310032188869988 地址、电话：石家庄市裕华路 101 号 62111354 开户银行及账号：工行石家庄裕华支行612239186289			备注：	河北风行广告有限公司 310032188869988 发票专用章		

第二联 抵扣联 购货方抵扣凭证

收款人：郑天　　复核：陈东　　开票人：李明　　销售单位：（章）

图 5－52　河北增值税专用发票（十）

【20－3】

河北增值税专用发票

开票日期：2018年12月11日　　№00001356978 5

购货单位	名称：河北华美制衣有限责任公司 纳税人登记号：310045686688333 地址、电话：石家庄建设南大街106号 68005001 开户银行及账号：工行石家庄建设支行 622243210536			密码区	75+2145787（6）-/456789 加密版本 022114<> *3356889922452354564 43-1545-1>>> >+547887954562153412 45321		
商品或劳务名称	规格型号	单位	数量	单价	金额	税率	税额
广告费			1	10000.00	10000.00	6%	600.00
合计					¥10000.00		¥600.00
价税合计（大写）	⊗壹万零陆佰元整				（小写）¥10600.00		
销货单位	名称：河北风行广告有限公司 纳税人登记号：310032188869988 地址、电话：石家庄市裕华路101号 62111254 开户银行及账号：工行石家庄裕华支行 612239186289				备注：		

收款人：郑天　复核：陈东　开票人：李明　销售单位：（章）

第三联　发票联　购货方记账凭证

图5－53　河北增值税专用发票（十一）

【20－4】

中国工商银行
转账支票存根
№：699008
科　　目
对方科目
出票日期：2018年12月11日

收款人：河北风行广告有限公司
金　额：¥10600.00
用　途：付广告费
备注：

图5－54　中国工商银行转账支票存根（四）

【21－1】

坏账损失确认通知

因保定盛隆商贸公司破产，其债务23400.00元无法偿还，经报总经理批准该单位应收款准允确认为坏账，予以注销。

总经理：陆　飞　　　　　　财务经理：李明成
2018年12月12日　　　　　　2018年12月12日

图5－55　坏账损失确认通知

【22－1】

差旅费报销单

2018　年 12　月　12 日

部门	办公室	姓名	朱红		出差事由		会议		
日期	出发地	到达地	机票费	车船费	交通费	住宿费	出差补助	其他	合计
12.7	石家庄	长沙		550.00					550.00
12.9	长沙	石家庄		550.00		660.00	240.00		1450.00
报销金额（人民币）：贰仟元整							原借款	2000.00	
领导签字			出差人签字				报销金额	2000.00	
							结余金额	0.00	

图5－56　差旅费报销单（二）

【22－2】

湖南增值税专用发票

抵扣联

开票日期：2018 年 12 月 9 日　　　　№4600114762

购货单位	名称：河北华美制衣有限责任公司 纳税人登记号：310045686688333 地址、电话：石家庄建设南大街 106 号 68005001 开户银行及账号：工行石家庄建设支行 622243210536	密码区	98+374683987(6)-/456789 加密版本 022114<> *3356889922452354564 43-1545-1>>> >+5478879545621534124532 1

商品或劳务名称	规格型号	单位	数量	单价	金额	税率	税额
住宿费			2	311.32	622.64	6%	37.36
合计					¥622.64	6%	¥37.36
价税合计（大写）	⊗陆佰陆拾元整				（小写）¥660.00		

销货单位	名称：长沙锦江商务酒店 纳税人登记号：476121455114988 地址、电话：长沙市天心区 58822333 开户银行及账号：工行长沙支行 897203785789	备注：长沙锦江商务酒店 476121455114988 发票专用章

收款人：郑天　复核：陈东　开票人：李明　销售单位：（章）

第二联 抵扣联 购货方抵扣凭证

图 5－57　湖南增值税专用发票（一）

【22－3】

湖南增值税专用发票

发票联

全国统一发票监制章 北京 国家税务局监制

开票日期：2018 年 12 月 9 日　　　　№4600114762

购货单位	名称：河北华美制衣有限责任公司 纳税人登记号：310045686688333 地址、电话：石家庄建设南大街 106 号 68005001 开户银行及账号：工行石家庄建设支行 622243210536	密码区	98+374683987（6）-/456789 加密版本 022114<> *3356889922452354564 43-1545-1>>> >+5478879545621534124532 1

商品或劳务名称	规格型号	单位	数量	单价	金额	税率	税额
住宿费			2	311.32	622.64	6%	37.36
合计					¥622.64	6%	¥37.36
价税合计（大写）	⊗陆佰陆拾元整				（小写）¥660.00		

销货单位	名称：长沙锦江商务酒店 纳税人登记号：476121455114988 地址、电话：长沙市天心区 58822333 开户银行及账号：工行长沙支行 897203785789	备注：长沙锦江商务酒店 476121455114988 发票专用章

收款人：郑天　复核：陈东　开票人：李明　销售单位：（章）

第三联 发票联 购货方记账凭证

图 5－58　湖南增值税专用发票（二）

【23－1】

费用报销单

部门：办公室　　2018年12月12日

报销内容	金　额	结算方式		
办公用品	¥936.00	1.冲借款______元 2.转账______元 3.汇款______元 4.现金付讫¥936.00元 现金付讫		
人民币（大写）：玖佰叁拾陆元整				
公司领导	财务主管	部门领导	出纳	经办人

图5－59　费用报销单（一）

【23－2】

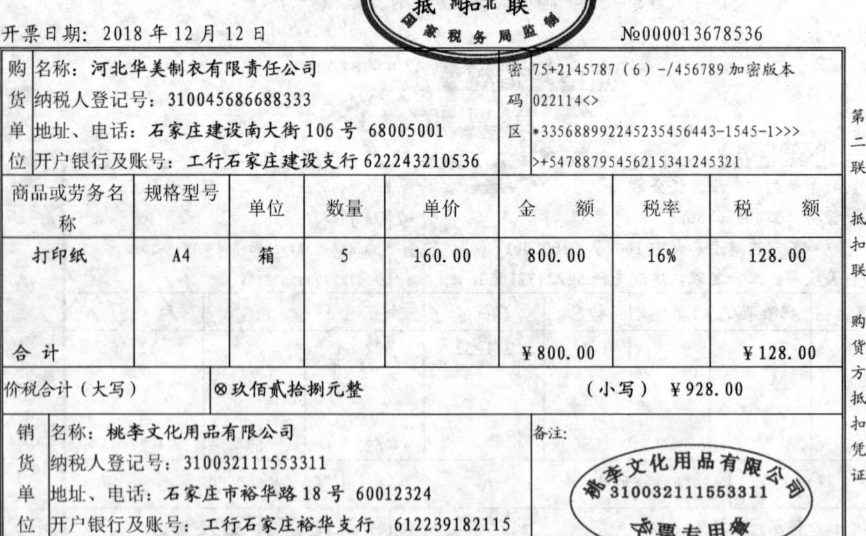

河北增值税专用发票

抵扣联

开票日期：2018年12月12日　　№000013678536

购货单位	名称：河北华美制衣有限责任公司 纳税人登记号：310045686688333 地址、电话：石家庄建设南大街106号 68005001 开户银行及账号：工行石家庄建设支行 622243210536			密码区	75+2145787（6）-/456789加密版本 022114<> *3356889922452354564443-1545-1>>> >+5478879545621534124532l		
商品或劳务名称	规格型号	单位	数量	单价	金额	税率	税额
打印纸	A4	箱	5	160.00	800.00	16%	128.00
合计					¥800.00		¥128.00
价税合计（大写）	⊗玖佰贰拾捌元整				（小写）¥928.00		
销货单位	名称：桃李文化用品有限公司 纳税人登记号：310032111553311 地址、电话：石家庄市裕华路18号 60012324 开户银行及账号：工行石家庄裕华支行 612239182115				备注：桃李文化用品有限公司 310032111553311 发票专用章		

第二联 抵扣联 购货方抵扣凭证

收款人：郑天　复核：陈东　开票人：李明　销售单位：（章）

图5－60　河北增值税专用发票（十二）

【23－3】

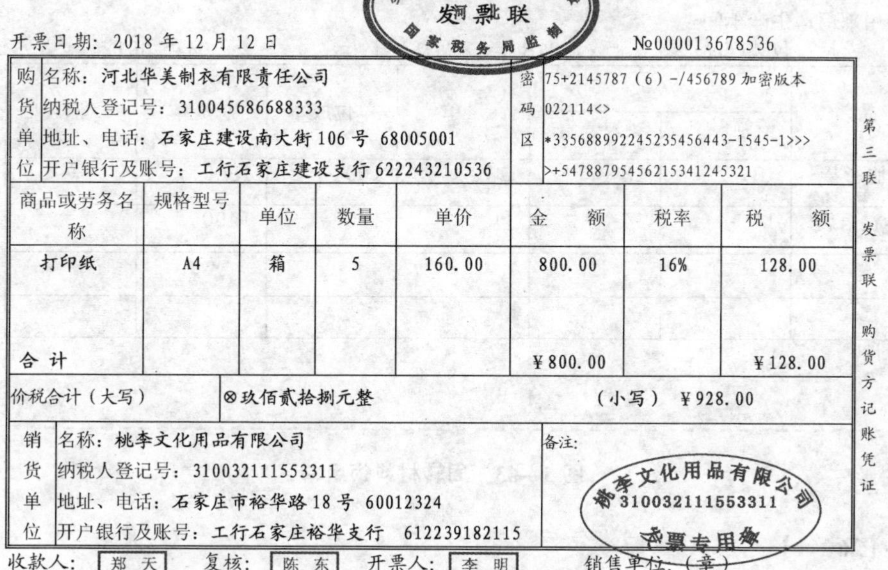

河北增值税专用发票

发票联

开票日期：2018 年 12 月 12 日　　№00013678536

购货单位	名称：河北华美制衣有限责任公司 纳税人登记号：310045686688333 地址、电话：石家庄建设南大街 106 号 68005001 开户银行及账号：工行石家庄建设支行 622243210536	密码区	75+2145787（6）-/456789 加密版本 022114<> *335688992245235456443-1545-1>>> >+54788795456215341245321

商品或劳务名称	规格型号	单位	数量	单价	金额	税率	税额
打印纸	A4	箱	5	160.00	800.00	16%	128.00
合计					¥800.00		¥128.00

价税合计（大写）	⊗玖佰贰拾捌元整　　（小写）¥928.00

销货单位	名称：桃李文化用品有限公司 纳税人登记号：310032111553311 地址、电话：石家庄市裕华路 18 号 60012324 开户银行及账号：工行石家庄裕华支行　612239182115	备注：桃李文化用品有限公司 310032111553311 发票专用章

收款人：郑天　复核：陈东　开票人：李明　销售单位：（章）

第三联　发票联　购货方记账凭证

图 5－61　河北增值税专用发票（十三）

【24－1】

费用报销单

部门：销售部　　2018 年 12 月 12 日

报销内容	金额	结算方式		
业务招待费	¥860.00	1. 冲借款______元 2. 转账______元 3. 汇款______元 4. 现金付讫 ¥860.00 元 现金付讫		
人民币（大写）：捌佰陆拾元整				
公司领导	财务主管	部门领导	出纳	经办人

图 5－62　费用报销单（二）

【25－1】

周转材料领用单

领用部门：生产车间
用　　途：包装产品　　　　2018年12月12日　　　　编号 001

品名	数量		计量单位	单位成本	总成本	备注
	请领	实发				
T恤衫袋	18	18	包	100	1800	
连衣裙袋	14	14	包	100	1400	

图5－63　周转材料领用单

【26－1】

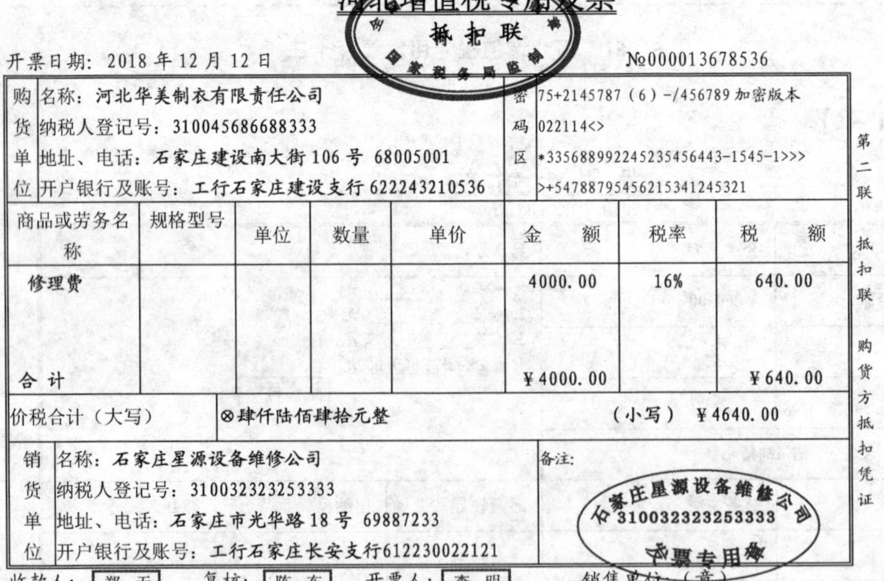

河北增值税专用发票

抵扣联

开票日期：2018年12月12日　　　　№000013678536

购货单位	名称：河北华美制衣有限责任公司 纳税人登记号：310045686688333 地址、电话：石家庄建设南大街106号 68005001 开户银行及账号：工行石家庄建设支行622243210536	密码区	75+2145787（6）-/456789 加密版本 022114<> *33568899224523545644 3-1545-1>>> >+54788795456215341245321

商品或劳务名称	规格型号	单位	数量	单价	金额	税率	税额
修理费					4000.00	16%	640.00
合计					¥4000.00		¥640.00
价税合计（大写）	⊗肆仟陆佰肆拾元整				（小写）¥4640.00		

销货单位	名称：石家庄星源设备维修公司 纳税人登记号：310032323253333 地址、电话：石家庄市光华路18号 69887233 开户银行及账号：工行石家庄长安支行612230022121	备注：

收款人：郑天　　复核：陈东　　开票人：李明　　销售单位：（章）

第二联　抵扣联　购货方抵扣凭证

图5－64　河北增值税专用发票（十四）

【26－2】

河北增值税专用发票

（印章：全国统一发票监制章 河北 国家税务局监制）发票联

开票日期：2018 年 12 月 12 日　　№000013678536

购货单位	名称：河北华美制衣有限责任公司 纳税人登记号：310045686688333 地址、电话：石家庄建设南大街 106 号 68005001 开户银行及账号：工行石家庄建设支行 622243210536				密码区	75+2145787（6）-/456789 加密版本 022114<> *3356889922452354564443-1545-1>>> >+547887954562153412453 21		
商品或劳务名称	规格型号	单位	数量	单价	金　额	税率	税　额	
修理费					4000.00	16%	640.00	
合 计					¥4000.00		¥640.00	
价税合计（大写）	⊗肆仟陆佰肆拾元整				（小写）¥4640.00			
销货单位	名称：石家庄星源设备维修公司 纳税人登记号：310032323253333 地址、电话：石家庄市光华路 18 号 69887233 开户银行及账号：工行石家庄长安支行　612230022121				备注：（印章：石家庄星源设备维修公司 310032323253333 发票专用章）			

收款人：郑天　复核：陈东　开票人：李明　销售单位：（章）

第三联　发票联　购货方记账凭证

图 5－65　河北增值税专用发票（十五）

【26－3】

中国工商银行
转账支票存根
№：699009
科　　目
对方科目
出票日期：2018 年 12 月 11 日

收款人：石家庄星源设备维修公司
金　额：¥4640.00
用　途：付维修费
备注：

图 5－66　中国工商银行转账支票存根（五）

【27－1】

河北省行政事业单位收款收据

2018 年 12 月 13 日

今收到：河北华美制衣有限责任公司　　系付：捐赠款

人民币（大写）贰万元整　　小写 ￥20000.00

收款单位（盖章）　　收款人

光明希望小学 财务专用章

第二联 收据

图 5－67　河北省行政事业单位收款收据

【27－2】

中国工商银行
转账支票存根
№：699009
科　　目
对方科目
出票日期：2018 年 12 月 13 日

收款人：光明希望小学
金　额：￥20000.00
用　途：捐款
备注：

图 5－68　中国工商银行转账支票存根（六）

【28－1】

委托代销合同

2018 年 12 月 13 日

甲方：河北华美制衣有限责任公司　　乙方：北京兴达商贸有限公司

所在地：石家庄市建设南大街 106 号　　所在地：北京市中关村大街 16 号

法定代表：陆飞　　法定代表：张海泽

开户银行：工行石家庄建设支行　　开户银行：工行北京中关村支行

一、甲方委托乙方代销连衣裙 1000 件，甲方按 290 元/件向乙方供货，由乙方根据市场情况自行确定对外销售价格。差价由乙方享有或承担。

二、交货地点：由甲方托运直发至乙方。

三、结算办法：每月 25 日前，乙方向甲方出具代销清单，结算当月货款。

四、甲方代销商品应与样品相符，保质保量。因质量造成损失的，均由甲方负责。

五、本协议一式两份，甲、乙双方各持一份，双方签字盖章后即生效。

……

图 5－69　委托代销合同

【28－2】

产品出库单

2018 年 12 月 13 日

购货单位：北京兴达商贸有限公司　　№201012001

产品名称	规格	计量单位	数量	
			请发	实发
连衣裙		件	1000	1000

第二联　记账联

仓库主管：张强　　记账：李均　　发货人：周明　　经办人：高峰

图 5－70　产品出库单（四）

【29 -1】

河北增值税专用发票

此联不作报销、抵扣凭证使用

开票日期：2018 年 12 月 13 日　　№000013571238

购货单位	名称：海王电子有限公司 纳税人登记号：311565842212985 地址、电话：石家庄市黄河大街 36 号 60053552 开户银行及账号：工行高新区支行 612246853112			密码区	75+2145787（6）-/456789 加密版本 022114<> •3356889922452354564 43-1545-1>>> >+5478879545621534124 5321		
商品或劳务名称	规格型号	单位	数量	单价	金额	税率	税额
T 恤衫		件	50	250.00	-12500.00	16%	-2000.00
合计					¥-12500.00		¥-2000.00
价税合计（大写）	⊗（负数）壹万肆仟伍佰元整				（小写） ¥-14500.00		
销货单位	名称：河北华美制衣有限责任公司 纳税人登记号：310045686688333 地址、电话：石家庄建设南大街 106 号 68005001 开户银行及账号：工行石家庄建设支行 622243210536			备注：	河北华美制衣有限责任公司 310045686688333 发票专用章		

收款人：郑天　　复核：陈东　　开票人：李明　　销售单位：（章）

第一联 记账联 销货方记账凭证

图 5 -71　河北增值税专用发票（十六）

【29 -2】

产品出库单

2018 年 12 月 13 日

购货单位：海王电子有限公司　　№201012001

产品名称	规格	计量单位	数量	
			请发	实发
T 恤衫		件	-50	-50

仓库主管：张强　　记账：李均　　发货人：周明　　经办人：高峰

第二联 记账联

图 5 -72　产品出库单（五）

【29－3】

中国工商银行
转账支票存根
№：699010
科　　目
对方科目
出票日期：2018 年 12 月 13 日

收款人：海王电子有限公司
金　额：￥14500.00
用　途：退货款
备注：

图 5－73　中国工商银行转账支票存根（七）

【30－1】

领　料　单

领用部门：生产车间　　　　　　　　　　　　编号：003
用途：T 恤衫　　　　2018 年 12 月 13 日

编号	名称	规格	单位	请领数量	实发数量	计划单位成本	计划总成本								
							百	十	万	千	百	十	元	角	分
	蓝色棉布		米	1000	1000	22			2	2	0	0	0	0	0
	白色棉布		米	1000	1000	25			2	5	0	0	0	0	0
备注						合计		¥	4	7	0	0	0	0	0

审批：李　乐　　　发料：张　明　　　记账：李　均　　　领料：李　强

图 5－74　领料单（三）

【30－2】

领 料 单

领用部门：生产车间　　　　　　　　　　　　　　　　　　　　编号：004

用途：连衣裙　　　　　　　　2018 年 12 月 13 日

编号	名称	规格	单位	请领数量	实发数量	计划单位成本	计划总成本								
							百	十	万	千	百	十	元	角	分
	红色棉布		米	1000	1000	27			2	7	0	0	0	0	0
	白色棉布		米	1000	1000	25			2	5	0	0	0	0	0
备注						合计		¥	5	2	0	0	0	0	0

审批：李乐　　发料：张明　　记账：李均　　领料：李强

图 5－75　领料单（四）

【31－1】

中国工商银行银证转账回单

2018 年 12 月 14 日

客户名称	河北华美制衣有限责任公司	证券公司名称	招商证券股份有限公司	券商代码	1058610
开户银行	工行石家庄建设支行	证券公司营业部	招商证券学院路营业部	证券机构号	1025
注册账户	622243210536	证券资金账号	1000026388		
银行结算账户余额					
转账金额	¥200000.00				
转账大写金额	人民币贰拾万元整				

中国工商银行石家庄建设支行 20181214 转讫

图 5－76　中国工商银行银证转账回单

【32－1】

成交过户交割单

2018 年 12 月 14 日

14/12/14	招商证券学院路营业部	成交过户交割凭单	证券买入
股东号码:	A23577898	证券名称	常山股份（600118）
股东姓名	河北华美制衣有限责任公司	成交数量	8000
公司代码:	5018	成交价格	15.60
委托序号	500118	成交金额	124800.00
申报时间	141214	标准佣金	62.4
成交时间	141214	印花税	0.00
		委托费	
		实付金额	124862.40
上次股票余额	0	本次股票余额	8000
		当日资金余额	75137.60

图 5－77　成交过户交割单（一）

【33－1】

河北增值税专用发票

此联不作报销、抵扣凭证使用

开票日期：2018 年 12 月 15 日　　№000013571239

购货单位	名称：盛达商贸有限公司 纳税人登记号：311565842212356 地址、电话：石家庄市西大街 36 号 63554678 开户银行及账号：工行西大街支行 612233117455	密码区	75+2145787（6）-/456789 加密版本 022114<> *33568899224523545 6443-1545-1>>> >+5478879545621534 1245321

商品或劳务名称	规格型号	单位	数量	单价	金额	税率	税额
T 恤衫		件	300	240.00	72000.00	16%	11520.00
连衣裙		件	200	300.00	60000.00	16%	9600.00
合计					¥132000.00		¥21120.00
价税合计（大写）	⊗壹拾伍万叁仟壹佰贰拾元整						（小写）¥153120.00

销货单位	名称：河北华美制衣有限责任公司 纳税人登记号：310045686688333 地址、电话：石家庄建设南大街 106 号 68005001 开户银行及账号：工行石家庄建设支行 622243210536	备注：

第一联　记账联　销货方记账凭证

收款人：郑　天　　复核：陈　东　　开票人：李　明　　销售单位：（章）

图 5－78　河北增值税专用发票（十七）

【33-2】

产品出库单

2018 年 12 月 15 日

购货单位：海王电子有限公司　　　　№201012001

产品名称	规格	计量单位	数量	
			请发	实发
T恤衫		件	300	300
连衣裙		件	200	200

第二联 记账联

仓库主管：张强　记账：李均　发货人：周明　经办人：高峰

图 5-79　产品出库单（六）

【34-1】

中国工商银行 进账单（　　）

2018 年 12 月 15 日

<table>
<tr><td rowspan="3">出票人</td><td>全称</td><td>盛达商贸有限公司</td><td rowspan="3">收款人</td><td>全称</td><td colspan="10">河北华美制衣有限责任公司</td></tr>
<tr><td>账号</td><td>612233117455</td><td>账号</td><td colspan="10">622243210536</td></tr>
<tr><td>开户银行</td><td>工行西大街支行</td><td>开户银行</td><td colspan="10">工行石家庄建设支行</td></tr>
<tr><td colspan="5" rowspan="2">人民币（大写）叁仟壹佰贰拾元整</td><td>千</td><td>百</td><td>十</td><td>万</td><td>千</td><td>百</td><td>十</td><td>元</td><td>角</td><td>分</td></tr>
<tr><td></td><td></td><td></td><td>¥</td><td>3</td><td>1</td><td>2</td><td>0</td><td>0</td><td>0</td></tr>
<tr><td>票据种类</td><td colspan="2">转账支票</td><td colspan="12">收款人开户银行盖章
中国工商银行
石家庄建设支行
20181215
转
讫</td></tr>
</table>

此联是银行交给收款人的回单

图 5-80　中国工商银行进账单（四）

【35－1】

固定资产清理单

2018 年 12 月 16 日

名称	单位	数量	预计使用年限	已使用年限	原值	已提折旧额	清理原因
计算机	台	5	36 个月	25 个月	40000.00	27800.00	不需用
处理意见	使用部门	技术鉴定小组		资产管理部门		主管部门审批	

图 5－81　固定资产清理单

【35－2】

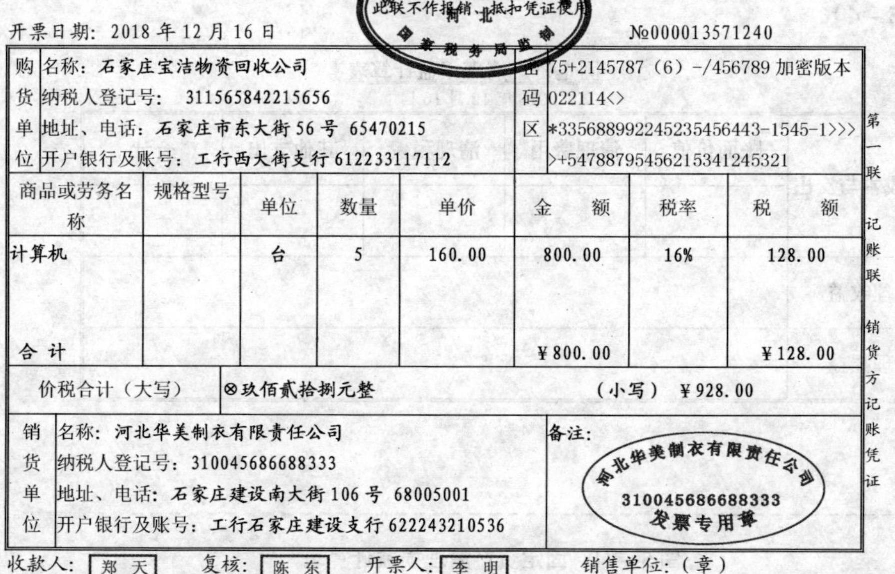

河北增值税专用发票

此联不作报销、抵扣凭证使用

开票日期：2018 年 12 月 16 日　　№000013571240

购货单位	名称：石家庄宝洁物资回收公司 纳税人登记号：311565842215656 地址、电话：石家庄市东大街 56 号 65470215 开户银行及账号：工行西大街支行 612233117112	密码区	75+2145787（6）-/456789 加密版本 022114<> *3356889922452354564443-1545-1>>> >+54788795456215341245321

商品或劳务名称	规格型号	单位	数量	单价	金额	税率	税额
计算机		台	5	160.00	800.00	16%	128.00
合计					¥800.00		¥128.00
价税合计（大写）	⊗玖佰贰拾捌元整				（小写）¥928.00		

销货单位	名称：河北华美制衣有限责任公司 纳税人登记号：310045686688333 地址、电话：石家庄建设南大街 106 号 68005001 开户银行及账号：工行石家庄建设支行 622243210536	备注：河北华美制衣有限责任公司 310045686688333 发票专用章

收款人：郑天　复核：陈东　开票人：李明　销售单位：（章）

第一联 记账联 销货方记账凭证

图 5－82　河北增值税专用发票（十八）

【35－3】

收款收据

2018年12月16日　　　　№.

今收到 石家庄宝洁物资回收公司

交来：处置报废计算机款项

金额（大写） 零拾零万零仟玖佰贰拾捌元零角零分

¥ ¥928.00　　√□现金　　□支票　　□信用卡　　□其他

收款单位（盖章）　河北华美制衣有限责任公司 财务专用章

第三联 交财务

会计主管　　会计　　出纳　　经手人

图5－83　收款收据（二）

【35－4】

固定资产清理损益计算表

2018年12月16日

<table>
<tr><td rowspan="2">清理成本与支出</td><td>账面价值</td><td>清理费用</td><td>清理税费</td><td>其他支出</td><td>合计</td></tr>
<tr><td></td><td></td><td></td><td></td><td></td></tr>
<tr><td>清理收益</td><td colspan="5"></td></tr>
<tr><td>清理损益</td><td colspan="5"></td></tr>
</table>

图5－84　固定资产清理损益计算表

【36－1】

中国工商银行
现金支票存根
№：899006
科　　目
对方科目
出票日期：2018 年 12 月 17 日

收款人：河北华美制衣有限责任公司
金　额：¥2000.00
用　途：备用金
备注：

图 5－85　中国工商银行现金支票存根（二）

【37－1】

中国工商银行　电汇凭证　（回单）　1

□普通　□加急　　委托日期　2018 年 12 月 18 日

汇款人	全称	河北华美制衣有限责任公司	收款人	全称	天津盛宏纺织有限责任公司
	账号	622243210536		账号	242356642226
	汇出地点	河北 省 石家庄 市/县		汇入地点	天津 市/县
汇出行名称		工行石家庄建设支行	汇入行名称		工行太原南海支行
金额	人民币（大写）贰万元整		亿千百十万千百十元角分		¥2000000
	中国工商银行 石家庄建设支行 20181218 转讫 汇出行签章		支付密码		（略）
			附加信息及用途：货款		复核　记账

此联汇出行给汇款人的回单

图 5－86　中国工商银行电汇凭证（五）

【38－1】

中国工商银行银证计付存款利息清单（支款通知）

2018 年 12 月 21 日

户名	河北华美制衣有限责任公司									账号	622243210536
计息起止时间	2018 年 9 月 21 日至 2018 年 12 月 21 日									左列贷款利息业已从你单位账户扣付，逾期罚息30%。	
贷款种类	贷款余额	年利率				计收利息金额					
流动资金借款	1500000.00	8%				30000.00					
利息金额		十	万	千	百	十	元	角	分		
人民币（大写）：叁万元整		¥	3	0	0	0	0	0	0		
金额合计（大写）人民币叁万元整											

中国工商银行 石家庄建设支行 20181221 转讫

图 5－87 中国工商银行银证计付存款利息清单（一）

【39－1】

中国工商银行银证计收利息清单（收款通知）

2018 年 12 月 21 日

客户名称：河北华美制衣有限责任公司					
结算账号：622243210536			存款账号：622243210536		
编号	计息类型	计息起讫日期	计息积数	利率	利息金额
	活期存款利息	20180921-20171221	610179357.06	0.35%	5932.30
摘要：利息				金额合计	¥5932.30
金额合计（大写）人民币伍仟玖佰叁拾贰元叁角整					

中国工商银行 石家庄建设支行 20181221 转讫

图 5－88 中国工商银行银证计收利息清单（二）

【40-1】

固定资产交接(验收)单

2018年12月22日

名称	型号	来源	单位	数量	造价（总成本）	使用年限
高速双针平缝机	T-8420	购入	台	10		8
供货单位	石家庄友诚缝纫设备商行				交工日期	2018.12.22
验收意见	合格	验收人	康莉		使用人	张强

图5-89　固定资产交接（验收）单

【41-1】

中国工商银行 进账单（　　）

2018年12月23日

付款人	全　称	保定百货有限公司	收款人	全　称	河北华美制衣有限责任公司
	账　号	622246850066		账　号	622243210536
	开户银行	工行长城路支行		开户银行	工行石家庄建设支行
人民币（大写）壹拾伍万叁仟壹佰贰拾元整				千百十万千百十元角分	¥15180000
票据种类	转账支票		收款人开户银行盖章		

（印章：中国工商银行 石家庄建设支行 20181223 转讫）

此联是银行交给收款人的回单

图5-90　中国工商银行进账单（五）

【41－2】

现金折扣计算表

2018年12月23日

购货方	购货日期	付款日期	赊购货款	折扣率	享受折扣额
保定百货公司	2018.12.06	2018.12.23	132000.00	1%	1320

图5－91　现金折扣计算表

【42－1】

借 款 单

2018年12月23日　　　　№：2010120003

借款单位	采购部	借款理由	出差
借款金额	人民币（大写）：壹仟元整　　¥1000.00		
部门负责人（签字） 同意 张东　2018.12.23	财务负责人（签字）现金付讫 同意 李明成　2018.12.23	借款人（签字） 刘红　2018.12.23	

图5－92　借款单

【43－1】

领 料 单

领用部门：生产车间　　　　编号：004

用途：一般耗用　　2018年12月24日

编号	名称	规格	单位	请领数量	实发数量	计划单位成本	计划总成本 百	十	万	千	百	十	元	角	分
	高级缝纫机油		瓶	50	50	130				6	5	0	0	0	0
备注						合计			¥	6	5	0	0	0	0

审批：李乐　　发料：张明　　记账：李均　　领料：李强

图5－93　领料单（五）

【44－1】

周转材料领用单

领用部门：生产车间
用　　途：包装产品　　2018 年 12 月 24 日　　编号 002

品名	数量		计量单位	单位成本	总成本	备注
	请领	实发				
T 恤衫袋	10	10	包	100	1000	
连衣裙袋	10	10	包	100	1000	

图 5－94　周转材料领用单

【45－1】

成交过户交割单

2018 年 12 月 24 日

14/12/25	招商证券学院路营业部	成交过户交割凭单	证券买入
股东号码：	A23577898	证券名称	常山股份（600118）
股东姓名	河北华美制衣有限责任公司	成交数量	3000
公司代码：	5018	成交价格	15.00
委托序号	500118	成交金额	45000.00
申报时间	141225	标准佣金	22.5
成交时间	141225	印花税	0.00
		委托费	
		实付金额	45022.50
上次股票余额	8000	本次股票余额	11000
		当日资金余额	30115.10

招商证券学院路营业部

图 5－95　成交过户交割单（二）

【46－1】

代　销　清　单

2018 年 12 月 25 日

产品名称	单位	已销数量	单价	价款	税款	金额合计
连衣裙	件	700.00	290.00	203000.00	32480.00	235480.00

北京兴达商贸有限公司

图 5－96　代销清单

【46－2】

河北增值税专用发票

此联不作报销、抵扣凭证使用

开票日期：2018 年 12 月 25 日　　　　№000013571241

购货单位	名称：北京兴达商贸有限公司 纳税人登记号：311446642215601 地址、电话：北京市中关村大街 16 号 26976877 开户银行及账号：工行北京中关村支行 6122011171136				密码区	75+2145787（6）-/456789 加密版本 022114<> *3356889922452354564 43-1545-1>>> >+5478879545621534 1245321	
商品或劳务名称	规格型号	单位	数量	单价	金额	税率	税额
连衣裙		件	700	290.00	203000.00	16%	32480.00
合计					¥203000.00		¥32480.00
价税合计（大写）	⊗贰拾叁万伍仟肆佰捌拾元整					（小写）¥235480.00	
销货单位	名称：河北华美制衣有限责任公司 纳税人登记号：310045686688333 地址、电话：石家庄建设南大街 106 号 68005001 开户银行及账号：工行石家庄建设支行 622243210536				备注：	河北华美制衣有限责任公司 310045686688333 发票专用章	

收款人：郑天　　复核：陈东　　开票人：李明　　销售单位：（章）

第一联 记账联 销货方记账凭证

图 5－97　河北增值税专用发票（十九）

【46－3】

中国工商银行 进账单（　　）

2018 年 12 月 25 日

付款人	全　称	北京兴达商贸有限公司	收款人	全　称	河北华美制衣有限责任公司
	账　号	6122011171136		账　号	622243210536
	开户银行	工行北京中关村支行		开户银行	工行石家庄建设支行
人民币（大写）贰拾叁万伍仟肆佰捌拾元整				千百十万千百十元角分	¥23548000
票据种类			收款人开户银行盖章	中国工商银行 石家庄建设支行 20181225 转讫	

此联是银行交给收款人的回单

图 5－98　中国工商银行进账单（六）

【47 -1】

会议纪要

为欢庆元旦来临，感谢这一年来各位员工的共同努力，经研究决定为每位员工发放 2 袋面粉。

河北华美制衣有限责任公司

2018 年 12 月 28 日

图 5 -99　会议纪要

【47 -2】

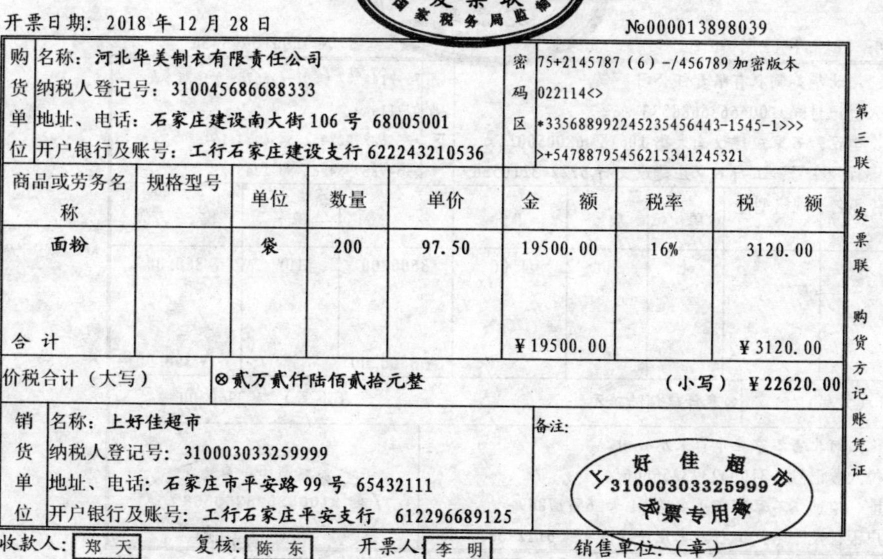

河北增值税专用发票

全国统一发票监制章 河北 国家税务局监制

发票联

开票日期：2018 年 12 月 28 日　　№000013898039

购货单位	名称：河北华美制衣有限责任公司 纳税人登记号：310045686688333 地址、电话：石家庄建设南大街 106 号 68005001 开户银行及账号：工行石家庄建设支行 622243210536				密码区	75+2145787（6）-/456789 加密版本 022114<> *3356889922452354564443-1545-1>>> >+54788795456215341245321	
商品或劳务名称	规格型号	单位	数量	单价	金额	税率	税额
面粉		袋	200	97.50	19500.00	16%	3120.00
合 计					¥19500.00		¥3120.00
价税合计（大写）	⊗贰万贰仟陆佰贰拾元整					（小写）	¥22620.00
销货单位	名称：上好佳超市 纳税人登记号：310003033259999 地址、电话：石家庄市平安路 99 号 65432111 开户银行及账号：工行石家庄平安支行 612296689125				备注：	上好佳超市 310003033259999 发票专用章	

第三联 发票联 购货方记账凭证

收款人：郑天　　复核：陈东　　开票人：李明　　销售单位：（章）

图 5 -100　河北增值税专用发票（二十）

【47－3】

非货币性福利分配表

2018 年 12 月 30 日　　　　金额单位：元

受益对象		分配标准（人数）	分配率	分配金额
生产车间	T 恤衫	30		
	连衣裙	35		
	管理人员	5		
销售人员		10		
行政管理人员		20		
合　计		100		

图 5－101　非货币性福利分配表

【48－1】

河北增值税专用发票

（印章：全国统一发票监制章 河北 国家税务局监制）发票联

开票日期：2018 年 12 月 30 日　　　　№00013898536

购货单位	名称：河北华美制衣有限责任公司 纳税人登记号：310045686688333 地址、电话：石家庄建设南大街 106 号 68005001 开户银行及账号：工行石家庄建设支行 622243210536				密码区	75+2145787（6）－/456789 加密版本 022114<> *3356889922452354564 43-1545-1>>> >+5478879545621534 1245321	
商品或劳务名称	规格型号	单位	数量	单价	金　额	税率	税　额
工业用水		吨	900	4.00	3600.00	10%	360.00
合 计					¥3600.00		¥360.00
价税合计（大写）	⊗叁仟玖佰陆拾元整				（小写）¥3960.00		
销货单位	名称：河北省石家庄市自来水公司 纳税人登记号：310032323256666 地址、电话：石家庄市平安路 81 号 65117869 开户银行及账号：工行石家庄平安支行 612296857168				备注：	（印章：河北省石家庄市自来水公司 310032323256666 发票专用章）	

第二联 抵扣联 购货方抵扣凭证

收款人：郑天　复核：陈东　开票人：李明　销售单位：（章）

图 5－102　河北增值税专用发票（二十一）

【48－2】

河北增值税专用发票

开票日期：2018 年 12 月 30 日　　　　№000013898536

购货单位	名称：河北华美制衣有限责任公司 纳税人登记号：310045686688333 地址、电话：石家庄建设南大街 106 号 68005001 开户银行及账号：工行石家庄建设支行 622243210536	密码区	75+2145787（6）-/456789 加密版本 022114<> *3356889922452354564443-1545-1>>> >+54788795456215341245321

商品或劳务名称	规格型号	单位	数量	单价	金额	税率	税额
工业用水		吨	900	4.00	3600.00	10%	360.00
合计					¥3600.00		¥360.00
价税合计（大写）	⊗叁仟玖佰陆拾元整				（小写）¥3960.00		

销货单位	名称：河北省石家庄市自来水公司 纳税人登记号：310032323256666 地址、电话：石家庄市平安路 81 号 65117869 开户银行及账号：工行石家庄平安支行 612296857168	备注：

收款人：郑天　复核：陈东　开票人：李明　销售单位：（章）

第三联 发票联 购货方记账凭证

图 5－103 河北增值税专用发票（二十二）

【48－3】

同城特约委托收款凭证（付款通知）

委托日期 2018 年 12 月 30 日

付款人	全称	河北华美制衣有限责任公司	收款人	全称	河北省石家庄市自来水公司
	账号	622243210536		账号	612296857168
	开户银行	工行石家庄建设支行		开户银行	工行石家庄平安支行
委托金额	人民币（大写）叁仟玖佰陆拾元整		千百十万千百十元角分		¥396000
委托内容	水费	委托收款凭证名称	水费专用发票	附寄单据张数	1张
备注：	付款单位注意： 1. 上列款项为见票全额付款。 2. 上列款项有误请与收款单位协商解决。				

中国工商银行 石家庄建设支行 20181230 转讫

此联是付款人开户银行通知付款人付款的通知

图 5－104 同城特约委托收款凭证（一）

【48－4】

水费分配表

年　月　日　　　　金额单位：元

受益对象	耗用量（吨）	分配率	分配金额
生产车间	560	4.00	
行政管理部门	340	4.00	
合　计	900		

图 5－105　水费分配表

【49－1】

河北增值税专用发票

抵扣联

开票日期：2018 年 12 月 30 日　　　№000013898725

购货单位	名称：河北华美制衣有限责任公司 纳税人登记号：310045686688333 地址、电话：石家庄建设南大街 106 号 68005001 开户银行及账号：工行石家庄建设支行 622243210536			密码区	75+2145787（6）－/456789 加密版本 022114<> *335688992245235456443－1545－1>>> >+54788795456215341245321		
商品或劳务名称	规格型号	单位	数量	单价	金额	税率	税额
电		千瓦时	9900	0.80	7920.00	16%	1267.20
合计					￥7920.00		￥1267.20
价税合计（大写）	⊗玖仟壹佰捌拾柒元贰角整					（小写）	￥9187.20
销货单位	名称：河北省石家庄市供电分公司 纳税人登记号：310032323257777 地址、电话：石家庄市平安路 51 号 65176199 开户银行及账号：工行石家庄平安支行612239151786			备注：	河北省石家庄市供电分公司 310032323257777 发票专用章		

第二联 抵扣联 购货方抵扣凭证

收款人：郑天　　复核：陈东　　开票人：李明　　销售单位：（章）

图 5－106　河北增值税专用发票（二十三）

【49－2】

河北增值税专用发票

开票日期：2018年12月30日　　№000013898725

购货单位	名称：河北华美制衣有限责任公司 纳税人登记号：310045686688333 地址、电话：石家庄建设南大街106号 68005001 开户银行及账号：工行石家庄建设支行 622243210536				密码区	75+2145787（6）-/456789 加密版本 022114<> *3356889922452354564431545-1>>> >+54788795456215341245321	
商品或劳务名称	规格型号	单位	数量	单价	金额	税率	税额
电		千瓦时	9900	0.80	7920.00	16%	1267.20
合计					¥7920.00		¥1267.20
价税合计（大写）	⊗玖仟壹佰捌拾柒元贰角整					（小写）	¥9187.20
销货单位	名称：河北省石家庄市供电分公司 纳税人登记号：310032323257777 地址、电话：石家庄市平安路51号 开户银行及账号：工行石家庄平安支行　612239151786				备注：	河北省石家庄市供电分公司 310032323257777 发票专用章	

收款人：郑天　　复核：陈东　　开票人：李明　　销售单位：（章）

第三联　发票联　购货方记账凭证

图5－107　河北增值税专用发票（二十四）

【49－3】

同城特约委托收款凭证（付款通知）

委托日期2018年12月30日

付款人	全称	河北华美制衣有限责任公司	收款人	全称	河北省石家庄供电分公司								
	账号	622243210536		账号	612239151786								
	开户银行	工行石家庄建设支行		开户银行	工行石家庄平安支行								
委托金额	人民币（大写）玖仟壹佰捌拾柒元贰角整				千	百	十	万	千	百	十	元	角	分
								¥	9	1	8	7	2	0
委托内容	电费	委托收款凭证名称	电费专用发票	附寄单据张数	1张								
备注：	付款单位注意： 1. 上列款项为见票全额付款。 2. 上列款项有误请与收款单位协商解决。												

中国工商银行　石家庄建设支行　20181230　转　讫

此联是付款人开户银行通知付款人付款的通知

图5－108　同城特约委托收款凭证（二）

【49－4】

电费分配表

年　月　日　　　　金额单位：元

受益对象	耗用量（千瓦时）	分配率	分配金额
生产车间	7900	0.8	
行政管理部门	2000	0.8	
合计			

图 5－109　电费分配表

【50－1】

非货币性福利发放表

2018 年 12 月 30 日　　　　金额单位：元

序号	部门	岗位	数量	金额	签名
1	基本生产车间	T 恤衫生产	30		
2	基本生产车间	连衣裙生产	35		
3	基本生产车间	车间管理	5		
4	市场部	销售	10		
5	办公室、财务部等	管理人员	20		
合　计			100		

图 5－110　非货币性福利发放表

【51－1】

工资结算汇总分配表

2018年12月31日

金额单位：元

受益对象		应付工资	代扣款项					实发工资
			个人所得税	养老保险（8%）	医疗保险（2%）	失业保险（1%）	住房公积金（6%）	
生产车间	T恤衫	120500	935	9640	2410	1205	7230	99080
	连衣裙	116500	925	9320	2330	1165	6990	95770
	管理人员	20500	325	1640	410	205	1230	16690
销售人员		36500	370	2920	730	365	2190	29925
行政管理人员		86000	845	6880	1720	860	5160	70535
合　计		380000	3400	30400	7600	3800	22800	312000

图5－111　工资结算汇总分配表

【51－2】

社会保险费及工会经费等计提汇总表

2018年12月31日

金额单位：元

受益对象		计提基数	养老保险（18%）	医疗保险（5%）	失业保险（2%）	住房公积金（10.5%）	工会经费（2%）	职工教育经费（1.5%）
生产车间	T恤衫	120500	21690	6025	2410	12652.5	2410	1807.5
	连衣裙	116500	20970	5825	2330	12232.5	2330	1747.5
	管理人员	20500	3690	1025	410	2152.5	410	307.5
销售人员		36500	6570	1825	730	3832.5	730	547.5
行政管理人员		86000	15480	4300	1720	9030	1720	1290
合　计		380000	68400	19000	7600	39900	7600	5700

图5－112　社会保险费及工会经费等计提汇总表

【52－1】

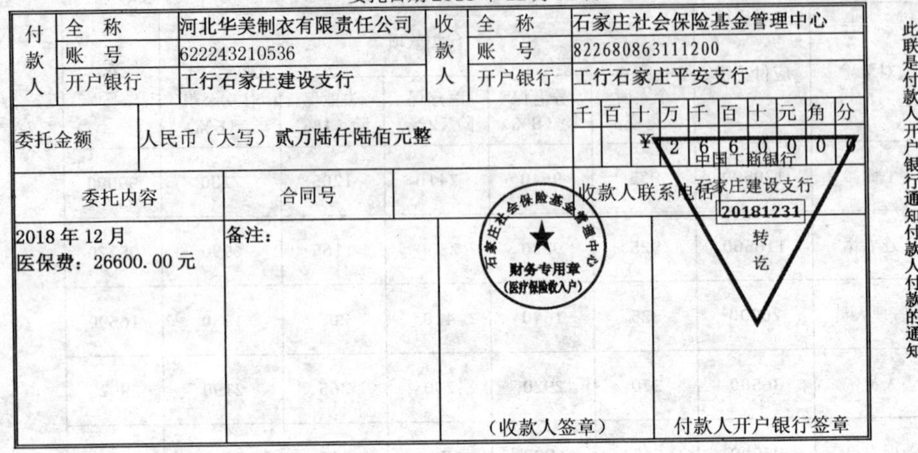

同城特约委托收款凭证（付款通知）

委托日期 2018 年 12 月 31 日

付款人	全　称	河北华美制衣有限责任公司	收款人	全　称	石家庄社会保险基金管理中心
	账　号	622243210536		账　号	822680863111200
	开户银行	工行石家庄建设支行		开户银行	工行石家庄平安支行
委托金额	人民币（大写）贰万陆仟陆佰元整				￥2660000
委托内容	合同号			收款人联系电话	
2018 年 12 月 医保费：26600.00 元	备注：		（收款人签章）		付款人开户银行签章

此联是付款人开户银行通知付款人付款的通知

图 5－113　同城特约委托收款凭证（三）

【52－2】

同城特约委托收款凭证（付款通知）

委托日期 2018 年 12 月 31 日

付款人	全　称	河北华美制衣有限责任公司	收款人	全　称	石家庄市社会保险基金管理中心
	账　号	622243210536		账　号	822680863111200
	开户银行	工行石家庄建设支行		开户银行	工行石家庄平安支行
委托金额	人民币（大写）壹拾壹万零贰佰元整				￥11020000
委托内容	合同号			收款人联系电话	
2018 年 12 月 养老金 98800.00 元 失业保险 11400.00 元	备注：		（收款人签章）		付款人开户银行签章

此联是付款人开户银行通知付款人付款的通知

石家庄社会保险基金管理中心 财务专用章（基金收入）

中国工商银行 石家庄建设支行 20181231 转讫

图 5－114　同城特约委托收款凭证（四）

【52－3】

同城特约委托收款凭证（付款通知）

委托日期 2018 年 12 月 31 日

付款人	全称	河北华美制衣有限责任公司	收款人	全称	石家庄住房公积金管理中心
	账号	622243210536		账号	822680863311266
	开户银行	工行石家庄建设支行		开户银行	工行石家庄平安支行
委托金额	人民币（大写）陆万贰仟柒佰元整			千百十万千百十元角分	¥62700.00
委托内容	合同号			收款人联系电话	
2018 年 12 月 住房公积金 62700.00 元	备注：		（收款人签章） 石家庄住房公积金管理中心 财务专用章（基金收入）		付款人开户银行签章 中国工商银行 石家庄建设支行 20181231 转讫

此联是付款人开户银行通知付款人付款的通知

图 5－115 同城特约委托收款凭证（五）

【53－1】

固定资产折旧计算表

2018 年 12 月 31 日

使用部门	固定资产类型	月初应计提折旧固定资产原值	月折旧率	月折旧额（元）
生产车间	房屋及建筑物	3000000	0.5%	15000
	机器设备	1000000	0.3%	3000
管理部门	房屋及建筑物	1600000	0.5%	8000
	办公设备	250000	0.5%	1250
专设销售机构		150000	0.5%	750
合　计		6000000	—	28000

图 5－116 固定资产折旧计算表

【54－1】

无形资产摊销表

2018 年 12 月 31 日　　金额单位：元

无形资产	原值	摊销年限	年摊销额	月摊销额
土地使用权	6 300 000	30		
合计				

图 5－117　无形资产摊销表

【55－1】

发出材料成本差异计算表

2018 年 12 月31 日　　金额单位：元

项目	计划成本	材料成本差异率	材料成本差异额
生产 T 恤衫			
生产连衣裙			
车间一般耗用			
合　计			

图 5－118　发出材料成本差异计算表

【56－1】

制造费用分配表

年　月　日　　　　　　金额单位：元

产品名称	分配标准（工时）	分配率	分配金额
T恤衫	5000		
连衣裙	7500		
合　计	12500		

图5－119　制造费用分配表

【57－1】

完工产品统计表

年　月　日　　　　　　金额单位：元

产品名称	月末完工产品数量	月末在产品数量	备注
T恤衫	2800	—	全部完工
连衣裙	1800	600	完工程度50%
合　计			

图5－120　完工产品统计表

【57－2】

产品成本计算单

产品名称：T恤衫　　　　年　月　日　　　　金额单位：元

成本项目	生产费用合计	月末在产品约当产量	完工产品产量	完工产品总成本	单位成本	月末在产品成本
直接材料						
直接人工						
制造费用						
合　计						

图5－121　产品成本计算单（一）

【57－3】

产品成本计算单

产品名称：连衣裙　　　　年　月　日　　　　金额单位：元

成本项目	生产费用合计	月末在产品约当产量	完工产品产量	完工产品总成本	单位成本	月末在产品成本
直接材料						
直接人工						
制造费用						
合　计						

图5－122　产品成本计算单（二）

【58－1】

单位销售成本计算单

年 月 日 金额单位：元

产品名称	期初结存数量	本期完工数量	期末结存数量	期初结存成本	本期完成产品成本	加权平均单位成本
合 计						

图5－123 单位销售成本计算单

【58－2】

销售成本计算单

年 月 日 金额单位：元

产品名称	自销产品数量	代销发出数量		加权平均单位成本	自销产品成本	代销产品销售成本
		发出数量	已销数量			
合 计						

图5－124 销售成本计算单

【59－1】

坏账准备计提表

年 月 日 金额单位：元

年末“应收账款”余额	规定计提比例	提取前“坏账准备”账户余额	提取的坏账准备
合 计			

图5－125 坏账准备计提表

【60－1】

公允价值变动损益计算表

2018 年 12 月 31 日　　　　金额单位：元

交易性金融资产	数量	市场价格	账面价值	公允价值变动损益
常山股份	11000	195270.00		

图 5－126　公允价值变动损益计算表

【61－1】

固定资产减值准备计提表

年　月　日　　　　金额单位：元

年末“固定资产”科目余额	年末“累计折旧”科目余额	“固定资产减值准备”账户余额	年末固定资产账面价值	年末固定资产可收回金额	提取的固定资产减值准备
				3150000.00	
合　计					

图 5－127　固定资产减值准备计提表

【62－1】

未交增值税计算表

2018 年 12 月 31 日

金额单位：元

项目 金额	进项税额	进项税额转出	销项税额	本月未交增值税
合　计				

图 5－128　未交增值税计算表

【63－1】

应交城建税和教育费附加计算表

年　月　日　　　　单位：元

税种	计税依据			税率	应纳税金额
	增值税	消费税	合计		
城建税				7%	
教育费附加				3%	
合　计					

图5－129　应交城建税和教育费附加计算表

【64－1】

本月收入类账户发生额汇总表

年　月　日

单位：元

序　号	账户名称	贷方发生额
1	主营业务收入——T恤衫	
2	主营业务收入——连衣裙	
3	其他业务收入	
4	资产处置收益	
5	营业外收入	
6	投资收益	
7	公允价值变动损益	
	合　计	

图5－130　本月收入类账户发生额汇总表

【65－1】

本月成本费用类账户发生额汇总表

年　月　日　　　　单位：元

序　号	账户名称	借方发生额
1	主营业务成本——T恤衫	
2	主营业务成本——连衣裙	
3	其他业务成本	
4	税金及附加	
5	销售费用	
6	管理费用	
7	财务费用	
8	资产减值损失	
9	营业外支出	
	合　计	

图5－131　本月成本费用类账户发生额汇总表

【66－1】

所得税计算表

年　月　日　　　　单位：元

12月份利润总额	11月份利润总额	全年利润总额	全年纳税调整金额	全年应纳税所得额	税率	全年应交所得税

图5－132　所得税计算表

67：将“所得税费用”转入“本年利润”账户

68：将本年净利润转入“利润分配——未分配利润”账户

【69－1】

利润分配计算表

年　　月　　日　　　　　　　　　　单位：元

项　目	利润分配基数	分配比例	分配金额
提取法定盈余公积		10%	
应付投资者利润		40%	
合　计			

图5－133　利润分配计算表

【70－1】

利润分配结转表

年　　月　　日　　　　　　　　　　单位：元

项　目	分配金额
利润分配——提取法定盈余公积	
利润分配——应付股利	
合　计	

图5－134　利润分配结转表

三、经济业务的说明与提示

（1）冲销上月暂估入账的原材料和应付账款记账凭证。

提示：上月购买白色棉布验收入库，但发票账单未到，上月末按计划成本暂估入账，本月初，冲销暂估入账。

（2）申请办理银行汇票。

（3）销售产品，收到款项。

提示：产品出库单只记录发出商品的数量，待到月末采用全月一次加权平均法计算销售产品的成本后，再结转销售成本。

（4）领用材料。

（5）购入原材料款项已付，并验收入库。

（6）刘红报销差旅费 1 097 元，退回多余款 403 元。

提示：报销的差旅费中，收到住宿费的增值税专用发票，可以抵扣进项税额。

（7）购料入库，银行汇票结算，银行汇票多余款到账。

（8）赊销产品给保定百货公司，现金折扣条件 1/20，*n*/30。

提示：对于现金折扣，其应收账款的入账价值按总价法确定，即不考虑现金折扣前的金额计入应收账款。

（9）购进需安装设备，已付款。

提示：购进需安装的设备，计入在建工程。

（10）朱红出差预借差旅费 2 000 元。

（11）购入的材料收到发票，付款。

（12）销售 T 恤衫收款。

（13）提现 3 000 元备用。

（14）偿还前欠天津盛宏纺织有限责任公司购货款 122 000 元。

（15）收到盛达商有限公司贸预付货款 150 000 元。

（16）发放上月工资 312 000 元。

（17）缴纳上月增值税 147 750 元，城建税 10 342. 5 元，教育费附加 4 432. 5 元，个人所得税 4 887 元。

（18）取得对河北恒祥实业有限公司的投资，应享有被投资单位净资产公允价值的份额为 875 000 万元，支付 800 000 万元。

（19）支付高速双针平缝机的设备安装费 2 220 元。

提示：支付设备安装费取得可以抵扣的增值税进项税额。

（20）支付广告费 10 600 元。

（21）应收保定盛隆商贸公司 23 400 元确认为坏账。

（22）朱红报销差旅费。

（23）购办公用品。

（24）报销业务招待费 860 元，现金付讫。

（25）车间领用包装物。

（26）支付设备修理费。

（27）向光明希望小学捐款。

（28）委托北京兴达商贸有限公司代销连衣裙（提示：本题不需做记账凭证，待到期末结转销售成本时一并结转）。

（29）销售给海王电子有限公司的 T 恤衫有 50 件不合格，退回。

（30）领料。

（31）向证券资金账户划入200 000元。

（32）购入证券作为交易性金融资产核算。

（33）向盛达商贸有限公司发货，已预收到150 000元货款。（与业务15相关联）

（34）收到剩余款项。

（35）固定资产报废。

提示：固定资产报废净损失计入营业外支出账户。

（36）提现2 000元备用。

（37）预付购料款。

提示：企业因购货而预付的款项，借记“预付账款”科目，贷记“银行存款”科目。

（38）收到当月存款利息。

提示：根据会计制度要求，企业的存款利息收入，一般用来冲减财务费用。

（39）支付短期借款利息（共30 000元，其中前两个月20 000）。

提示：一般来说，如果企业的短期借款利息按月支付，则可以在实际支付或收到银行的计息通知时，直接计入当期损益。如果短期借款的利息按期支付（如按季度支付），则先按月预提，计入当期损益，到期再进行支付。本笔业务属于后者，应该是前两个月预提的利息费用20 000元和第三个月当月利息费用10 000元，一并支付。涉及的会计科目有“应付利息”“财务费用”和“银行存款”。

（40）设备安装完毕交付使用。

提示：本笔业务是前面第9笔业务、第19笔业务的延续。从经济业务的实质来看，企业为购入设备先后支付了购置款和安装费，用会计科目“在建工程”核算。现在完成安装调试，设备达到预定使用状态，按照企业会计准则规定，则应由“在建工程”科目转入“固定资产”科目核算。

（41）收到购货款，对方享受现金折扣。

提示：本笔业务是第8笔业务的延续，12月6日形成对保定百货有限公司的赊销，12月23日，收到保定百货有限公司的付款，整个收账期在20天以内，符合企业的赊销政策（1/20，*n*/30），保定百货有限公司理应享受1%的现金折扣。现金折扣对于企业而言，属于为了提前收回货款，而发生的财务费用。另外，值得注意的是，现金折扣只对货款部分进行折扣，税款则不享受折扣。

（42）预借差旅费。

提示：出差预借差旅费时，应该借记“其他应收款”科目，并且用现金支付。

（43）车间领用材料。

提示：生产车间领用材料时，需要注意材料的用途，如果用于一般性消耗，则应计入“制造费用”；如果用于生产产品，则应计入“生产成本”。

(44) 车间领用包装物。

提示：包装物一般计入“周转材料”科目核算，如果用于一般性消耗，则应计入“制造费用”；如果用于生产产品，则应计入“生产成本”。

(45) 再次购入证券作为交易性金融资产核算。

提示：企业购入证券作为交易性金融资产时发生的佣金、手续费应计入“投资收益”。

(46) 收到代销清单。

提示：本笔业务是第28笔业务的延续。第28笔业务，企业与北京兴达商贸有限公司签订委托代销合同，形成委托代销关系。现在收到代销清单，根据企业会计准则规定，应当认定销售实现，确认销售收入，并开出增值税专用发票，计算增值税销项税额。

(47) 决定发放非货币性福利。

提示：按照税法规定，企业购进商品并用于职工福利，其取得增值税专用发票列示的增值税额不允许抵扣，只能计入“应付职工薪酬”。

(48) 支付并分配水费。

提示：水是自来水公司的产品，本笔业务从经济实质来看，属于商品采购业务，企业一般是先使用后付费，在月末时按照受益部门的受益量进行费用分配；同时，增值税作为进项税额单独列示。

(49) 支付并分配电费。

提示：电是供电公司的产品，本笔业务从经济实质来看，属于商品采购业务，企业一般是先使用后付费，在月末时按照受益部门的受益量进行费用分配；同时，增值税作为进项税额单独列示。

(50) 发放非货币性福利。

提示：本笔业务是第47笔业务的延续，应当根据各个部门领用非货币性福利情况，分别计入相应的费用，同时冲减“应付职工薪酬”。

(51) 分配并结转本月应付工资、社会保险费、住房公积金等。

提示：月末职工应缴纳的各种保险、住房公积金和个人所得税，均由企业代扣代缴，分别计入“其他应付款”科目和“应交税费——应交个人所得税”科目。另外，企业为职工计提各种社会保险等费用时，应根据企业职工隶属部门，计入相应费用，同时贷记“应付职工薪酬”。其中，计提的养老保险和失业保险，应计入“应付职工薪酬——设定提存计划”。

(52) 上缴各种保险和住房公积金。

提示：企业实际缴纳的各种保险和住房公积金，由两部分构成。一部分属于职工负担，企业代扣代缴，计入“其他应付款”科目；一部分属于企业负担，计入“应付职工薪酬”科目。

（53）计提折旧。

提示：根据固定资产使用部门，分配折旧费用。

（54）无形资产摊销。

提示：无形资产的摊销金额一般应当计入“当期损益”。

（55）分配材料成本差异。

提示：首先需要计算出材料成本差异率，然后根据材料领用情况分配材料成本差异。

（56）分配制造费用。

提示：首先需要汇总本期制造费用总额，然后根据生产工人工时标准分配制造费用。

（57）产品完工入库。

提示：利用约当产量法，计算产品生产成本。另外，企业的规定“除原材料在第一道工序开始时一次投入外，月末在产品的完工程度均为50%。”意味着月末在产品消耗的材料费用和完工产品相等；月末在产品消耗的人工费和制造费用为完工产品的50%。

（58）结转销售成本。

提示：利用月末一次加权平均法计算出产品单位销售成本。另外，对于委托代销的产品，首先要将成本从“库存商品”转入“发出商品”账户，然后结转代销产品的销售成本。

（59）计提应收账款坏账准备。

提示：计提坏账准备时，需要确认资产减值损失。

（60）调整交易性金融资产账面价值，同时确认公允价值变动损益。

提示：年末，交易性金融资产的账面价值与其公允价值（年末市场价格）的差额，计入“公允价值变动损益”。

（61）计提固定资产减值准备。

提示：根据年末固定资产可收回金额低于其账面价值的部分，确认资产减值损失。

（62）转出未交增值税。

提示：计算出本期增值税应纳税额后，应由“应交税费——应交增值税（转出未交增值税）”科目转入“应交税费——未交增值税”科目。

（63）计算城建税税金及教育费附加。

（64）结转收入。

（65）结转成本费用。

（66）计算应交所得税。

提示：本企业基本制度规定“假设资产、负债的账面价值与其计税基础一致，未产生暂时性差异”，因此，本期没有产生纳税调整事项，直接将全年利润总额作为应纳税所得额，然后乘以所得税率，计算出应交所得税。

（67）结转所得税费用。

（68）结转净利润。

（69）进行利润分配。

（70）结转利润分配明细科目。

提示：本笔业务实质上就是将其他明细科目与未分配利润明细科目对冲。一般借记未分配利润明细科目，贷记其他明细科目。

附件 1

资产负债表

编制单位： 年 月 日 单位：元

资产	期末余额	年初余额	负债和所有者权益	期末余额	年初余额
流动资产：			流动负债：		
货币资金			短期借款		
以公允价值计量且其变动计入当期损益的金融资产			以公允价值计量且其变动计入当期损益的金融负债		
衍生金融资产			衍生金融负债		
应收票据及应收账款			应付票据及应付账款		
预付款项			预收款项		
应收利息			应付职工薪酬		
应收股利			应交税费		
其他应收款			其他应付款		
存货			持有待售负债		
持有待售资产			一年内到期的非流动负债		
一年内到期的非流动资产			其他流动负债		
其他流动资产			流动负债合计		
流动资产合计			非流动负债：		
			长期借款		
非流动资产：			应付债券		
可供出售金融资产			长期应付款		
持有至到期投资			预计负债		
长期应收款			递延收益		
长期股权投资			递延所得税负债		
投资性房地产			其他非流动负债		
固定资产			非流动负债合计		

续表

资产	期末余额	年初余额	负债和所有者权益	期末余额	年初余额
在建工程			负债合计		
生产性生物资产			所有者权益：		
油气资产			实收资本（或股本）		
无形资产			其他权益工具		
开发支出			资本公积		
商誉			减：库存股		
长期待摊费用			其他综合收益		
递延所得税资产			盈余公积		
其他非流动资产			未分配利润		
非流动资产合计			所有者权益合计		
资产总计			负债和所有者总计		

附件 2

利润表

编制单位：　　　　　　　　　　　　年　　　　　　　　　　　　单位：元

项目	本年金额	上年金额
一、营业收入		
减：营业成本		
税金及附加		
销售费用		
管理费用		
研发费用		
财务费用（收益以“—”号填列）		
其中利息费用		
利息收入		
资产减值损失		
加：其他收益		
投资收益（净损失以“—”号填列）		
其中：对联营企业和合营企业的投资收益		
公允价值变动收益（损失以“—”号填列）		
资产处置收益（损失以“—”号填列）		
二、营业利润（亏损以“—”号填列）		
加：营业外收入		
减：营业外支出		
其中：非流动资产处置净损失（净收益以“—”号填列）		
三、利润总额（亏损总额以“—”号填列）		
减：所得税费用		
四、净利润（净亏损以“—”号填列）		
五、其他综合收益的税后净额		
（一）以后不能重分类进损益的其他综合收益		
1. 重新计量设定受益计划净负债或净资产的变动		

续表

项目	本年金额	上年金额
2. 权益法下在被投资单位不能重分类进损益的其他综合收益中享有的份额		
……		
(二) 以后将重分类进损益的其他综合收益		
1. 权益法下在被投资单位以后将重分类进损益的其他综合收益中享有的份额		
2. 可供出售金融资产公允价值变动损益		
3. 持有至到期投资重分类为可供出售金融资产损益		
4. 现金流量套期损益的有效部分		
5. 外币财务报表折算差额		
……		
六、综合收益总额		
七、每股收益:		
(一) 基本每股收益	×	
(二) 稀释每股收益	×	

附件 3

中华人民共和国会计法（修订）

（根据 2017 年 11 月 4 日第十二届全国人民代表大会常务委员会第三十次会议《关于修改〈中华人民共和国会计法〉等十一部法律的决定》第二次修正）

第一章 总 则

第一条 为了规范会计行为，保证会计资料真实、完整，加强经济管理和财务管理，提高经济效益，维护社会主义市场经济秩序，制定本法。

第二条 国家机关、社会团体、公司、企业、事业单位和其他组织（以下统称单位）必须依照本法办理会计事务。

第三条 各单位必须依法设置会计账簿，并保证其真实、完整。

第四条 单位负责人对本单位的会计工作和会计资料的真实性、完整性负责。

第五条 会计机构、会计人员依照本法规定进行会计核算，实行会计监督。

任何单位或者个人不得以任何方式授意、指使、强令会计机构、会计人员伪造、变造会计凭证、会计账簿和其他会计资料，提供虚假财务会计报告。

任何单位或者个人不得对依法履行职责、抵制违反本法规定行为的会计人员实行打击报复。

第六条 对认真执行本法，忠于职守，坚持原则，做出显著成绩的会计人员，给予精神的或者物质的奖励。

第七条 国务院财政部门主管全国的会计工作。

县级以上地方各级人民政府财政部门管理本行政区域内的会计工作。

第八条 国家实行统一的会计制度。国家统一的会计制度由国务院财政部门根据本法制定并公布。

国务院有关部门可以依照本法和国家统一的会计制度制定对会计核算和会计监督有特殊要求的行业实施国家统一的会计制度的具体办法或者补充规定，报国务院财政部门审核批准。

中国人民解放军总后勤部可以依照本法和国家统一的会计制度制定军队实施国家统一的会计制度的具体办法，报国务院财政部门备案。

第二章 会计核算

第九条 各单位必须根据实际发生的经济业务事项进行会计核算，填制会计凭证，登记会计账簿，编制财务会计报告。

任何单位不得以虚假的经济业务事项或者资料进行会计核算。

第十条　下列经济业务事项，应当办理会计手续，进行会计核算：

（一）款项和有价证券的收付；

（二）财物的收发、增减和使用；

（三）债权债务的发生和结算；

（四）资本、基金的增减；

（五）收入、支出、费用、成本的计算；

（六）财务成果的计算和处理；

（七）需要办理会计手续、进行会计核算的其他事项。

第十一条　会计年度自公历1月1日起到12月31日止。

第十二条　会计核算以人民币为记账本位币。

业务收支以人民币以外的货币为主的单位，可以选定其中一种货币作为记账本位币，但是编报的财务会计报告应当折算为人民币。

第十三条　会计凭证、会计账簿、财务会计报告和其他会计资料，必须符合国家统一的会计制度的规定。

使用电子计算机进行会计核算的，其软件及其生成的会计凭证、会计账簿、财务会计报告和其他会计资料，也必须符合国家统一的会计制度的规定。

任何单位和个人不得伪造、变造会计凭证、会计账簿及其他会计资料，不得提供虚假的财务会计报告。

第十四条　会计凭证包括原始凭证和记账凭证。

办理本法第十条所列的经济业务事项，必须填制或者取得原始凭证并及时送交会计机构。

会计机构、会计人员必须按照国家统一的会计制度的规定对原始凭证进行审核，对不真实、不合法的原始凭证有权不予接收，并向单位负责人报告；对记载不准确、不完整的原始凭证予以退回，并要求按照国家统一的会计制度的规定更正、补充。

原始凭证记载的各项内容均不得涂改；原始凭证有错误的，应当由出具单位重开或者更正，更正处应当加盖出具单位印章。原始凭证金额有错误的，应当由出具单位重开，不得在原始凭证上更正。

记账凭证应当根据经过审核的原始凭证及有关资料编制。

第十五条　会计账簿登记，必须以经过审核的会计凭证为依据，并符合有关法律、行政法规和国家统一的会计制度的规定。会计账簿包括总账、明细账、日记账和其他辅助性账簿。

会计账簿应当按照连续编号的页码顺序登记。会计账簿记录发生错误或者隔页、缺号、跳行的，应当按照国家统一的会计制度规定的方法更正，并由会计人员和会计机构负责人（会计主管人员）在更正处盖章。

使用电子计算机进行会计核算的，其会计账簿的登记、更正，应当符合国家统一的会计制度的规定。

第十六条　各单位发生的各项经济业务事项应当在依法设置的会计账簿上统一登记、核算，不得违反本法和国家统一的会计制度的规定私设会计账簿登记、核算。

第十七条　各单位应当定期将会计账簿记录与实物、款项及有关资料相互核对，保证会计账簿记录与实物及款项的实有数额相符、会计账簿记录与会计凭证的有关内容相符、会计账簿之间相对应的记录相符、会计账簿记录与会计报表的有关内容相符。

第十八条　各单位采用的会计处理方法，前后各期应当一致，不得随意变更；确有必要变更的，应当按照国家统一的会计制度的规定变更，并将变更的原因、情况及影响在财务会计报告中说明。

第十九条　单位提供的担保、未决诉讼等或有事项，应当按照国家统一的会计制度的规定，在财务会计报告中予以说明。

第二十条　财务会计报告应当根据经过审核的会计账簿记录和有关资料编制，并符合本法和国家统一的会计制度关于财务会计报告的编制要求、提供对象和提供期限的规定；其他法律、行政法规另有规定的，从其规定。

财务会计报告由会计报表、会计报表附注和财务情况说明书组成。向不同的会计资料使用者提供的财务会计报告，其编制依据应当一致。有关法律、行政法规规定会计报表、会计报表附注和财务情况说明书须经注册会计师审计的，注册会计师及其所在的会计师事务所出具的审计报告应当随同财务会计报告一并提供。

第二十一条　财务会计报告应当由单位负责人和主管会计工作的负责人、会计机构负责人（会计主管人员）签名并盖章；设置总会计师的单位，还须由总会计师签名并盖章。

单位负责人应当保证财务会计报告真实、完整。

第二十二条　会计记录的文字应当使用中文。在民族自治地方，会计记录可以同时使用当地通用的一种民族文字。在中华人民共和国境内的外商投资企业、外国企业和其他外国组织的会计记录可以同时使用一种外国文字。

第二十三条　各单位对会计凭证、会计账簿、财务会计报告和其他会计资料应当建立档案，妥善保管。会计档案的保管期限和销毁办法，由国务院财政部会同有关部门制定。

第三章 公司、企业会计核算的特别规定

第二十四条 公司、企业进行会计核算，除应当遵守本法第二章的规定外，还应当遵守本章规定。

第二十五条 公司、企业必须根据实际发生的经济业务事项，按照国家统一的会计制度的规定确认、计量和记录资产、负债、所有者权益、收入、费用、成本和利润。

第二十六条 公司、企业进行会计核算不得有下列行为：

（一）随意改变资产、负债、所有者权益的确认标准或者计量方法，虚列、多列、不列或者少列资产、负债、所有者权益；

（二）虚列或者隐瞒收入，推迟或者提前确认收入；

（三）随意改变费用、成本的确认标准或者计量方法，虚列、多列、不列或者少列费用、成本；

（四）随意调整利润的计算、分配方法，编造虚假利润或者隐瞒利润；

（五）违反国家统一的会计制度规定的其他行为。

第四章 会计监督

第二十七条 各单位应当建立、健全本单位内部会计监督制度。单位内部会计监督制度应当符合下列要求：

（一）记账人员与经济业务事项和会计事项的审批人员、经办人员、财物保管人员的职责权限应当明确，并相互分离、相互制约；

（二）重大对外投资、资产处置、资金调度和其他重要经济业务事项的决策和执行的相互监督、相互制约程序应当明确；

（三）财产清查的范围、期限和组织程序应当明确；

（四）对会计资料定期进行内部审计的办法和程序应当明确。

第二十八条 单位负责人应当保证会计机构、会计人员依法履行职责，不得授意、指使、强令会计机构、会计人员违法办理会计事项。

会计机构、会计人员对违反本法和国家统一的会计制度规定的会计事项，有权拒绝办理或者按照职权予以纠正。

第二十九条 会计机构、会计人员发现会计账簿记录与实物、款项及有关资料不相符的，按照国家统一的会计制度的规定有权自行处理的，应当及时处理；无权处理的，应当立即向单位负责人报告，请求查明原因，做出处理。

第三十条 任何单位和个人对违反本法和国家统一的会计制度规定的行为，有权检举。收到检举的部门有权处理的，应当依法按照职责分工及时处理；无权

处理的，应当及时移送有权处理的部门处理。收到检举的部门、负责处理的部门应当为检举人保密，不得将检举人姓名和检举材料转给被检举单位和被检举人个人。

第三十一条　有关法律、行政法规规定，须经注册会计师进行审计的单位，应当向受委托的会计师事务所如实提供会计凭证、会计账簿、财务会计报告和其他会计资料以及有关情况。

任何单位或者个人不得以任何方式要求或者示意注册会计师及其所在的会计师事务所出具不实或者不当的审计报告。

财政部门有权对会计师事务所出具审计报告的程序和内容进行监督。

第三十二条　财政部门对各单位的下列情况实施监督：

（一）是否依法设置会计账簿；

（二）会计凭证、会计账簿、财务会计报告和其他会计资料是否真实、完整；

（三）会计核算是否符合本法和国家统一的会计制度的规定；

（四）从事会计工作的人员是否具备专业能力、遵守职业道德。

在对前款第（二）项所列事项实施监督，发现重大违法嫌疑时，国务院财政部门及其派出机构可以向与被监督单位有经济业务往来的单位和被监督单位开立账户的金融机构查询有关情况，有关单位和金融机构应当给予支持。

第三十三条　财政、审计、税务、人民银行、证券监管、保险监管等部门应当依照有关法律、行政法规规定的职责，对有关单位的会计资料实施监督检查。

前款所列监督检查部门对有关单位的会计资料依法实施监督检查后，应当出具检查结论。有关监督检查部门已经做出的检查结论能够满足其他监督检查部门履行本部门职责需要的，其他监督检查部门应当加以利用，避免重复查账。

第三十四条　依法对有关单位的会计资料实施监督检查的部门及其工作人员对在监督检查中知悉的国家秘密和商业秘密负有保密义务。

第三十五条　各单位必须依照有关法律、行政法规的规定，接受有关监督检查部门依法实施的监督检查，如实提供会计凭证、会计账簿、财务会计报告和其他会计资料以及有关情况，不得拒绝、隐匿、谎报。

第五章　会计机构和会计人员

第三十六条　各单位应当根据会计业务的需要，设置会计机构，或者在有关机构中设置会计人员并指定会计主管人员；不具备设置条件的，应当委托经批准设立从事会计代理记账业务的中介机构代理记账。

国有的和国有资产占控股地位或者主导地位的大、中型企业必须设置总会计师。总会计师的任职资格、任免程序、职责权限由国务院规定。

第三十七条　会计机构内部应当建立稽核制度。

出纳人员不得兼任稽核、会计档案保管和收入、支出、费用、债权债务账目的登记工作。

第三十八条　会计人员应当具备从事会计工作所需要的专业能力。

担任单位会计机构负责人（会计主管人员）的，应当具备会计师以上专业技术职务资格或者从事会计工作三年以上经历。

本法所称会计人员的范围由国务院财政部门规定。

第三十九条　会计人员应当遵守职业道德，提高业务素质。对会计人员的教育和培训工作应当加强。

第四十条　因有提供虚假财务会计报告，做假账，隐匿或者故意销毁会计凭证、会计账簿、财务会计报告，贪污，挪用公款，职务侵占等与会计职务的有关违法行为被依法追究刑事责任的人员，不得再从事会计工作。

第四十一条　会计人员调动工作或者离职，必须与接管人员办清交接手续。

一般会计人员办理交接手续，由会计机构负责人（会计主管人员）监交；会计机构负责人（会计主管人员）办理交接手续，由单位负责人监交，必要时主管单位可以派人会同监交。

第六章　法律责任

第四十二条　违反本法规定，有下列行为之一的，由县级以上人民政府财政部门责令限期改正，可以对单位并处三千元以上五万元以下的罚款；对其直接负责的主管人员和其他直接责任人员，可以处二千元以上二万元以下的罚款；属于国家工作人员的，还应当由其所在单位或者有关单位依法给予行政处分：

（一）不依法设置会计账簿的；

（二）私设会计账簿的；

（三）未按照规定填制、取得原始凭证或者填制、取得的原始凭证不符合规定的；

（四）以未经审核的会计凭证为依据登记会计账簿或者登记会计账簿不符合规定的；

（五）随意变更会计处理方法的；

（六）向不同的会计资料使用者提供的财务会计报告编制依据不一致的；

（七）未按照规定使用会计记录文字或者记账本位币的；

（八）未按照规定保管会计资料，致使会计资料毁损、灭失的；

（九）未按照规定建立并实施单位内部会计监督制度或者拒绝依法实施的监督或者不如实提供有关会计资料及有关情况的；

（十）任用会计人员不符合本法规定的。

有前款所列行为之一，构成犯罪的，依法追究刑事责任。

会计人员有第一款所列行为之一，情节严重的，五年内不得从事会计工作。

有关法律对第一款所列行为的处罚另有规定的，依照有关法律的规定办理。

第四十三条　伪造、变造会计凭证、会计账簿，编制虚假财务会计报告，构成犯罪的，依法追究刑事责任。

有前款行为，尚不构成犯罪的，由县级以上人民政府财政部门予以通报，可以对单位并处五千元以上十万元以下的罚款；对其直接负责的主管人员和其他直接责任人员，可以处三千元以上五万元以下的罚款；属于国家工作人员的，还应当由其所在单位或者有关单位依法给予撤职直至开除的行政处分；其中的会计人员，五年内不得从事会计工作。

第四十四条　隐匿或者故意销毁依法应当保存的会计凭证、会计账簿、财务会计报告，构成犯罪的，依法追究刑事责任。

有前款行为，尚不构成犯罪的，由县级以上人民政府财政部门予以通报，可以对单位并处五千元以上十万元以下的罚款；对其直接负责的主管人员和其他直接责任人员，可以处三千元以上五万元以下的罚款；属于国家工作人员的，还应当由其所在单位或者有关单位依法给予撤职直至开除的行政处分；其中的会计人员，五年内不得从事会计工作。

第四十五条　授意、指使、强令会计机构、会计人员及其他人员伪造、变造会计凭证、会计账簿，编制虚假财务会计报告或者隐匿、故意销毁依法应当保存的会计凭证、会计账簿、财务会计报告，构成犯罪的，依法追究刑事责任；尚不构成犯罪的，可以处五千元以上五万元以下的罚款；属于国家工作人员的，还应当由其所在单位或者有关单位依法给予降级、撤职、开除的行政处分。

第四十六条　单位负责人对依法履行职责、抵制违反本法规定行为的会计人员以降级、撤职、调离工作岗位、解聘或者开除等方式实行打击报复，构成犯罪的，依法追究刑事责任；尚不构成犯罪的，由其所在单位或者有关单位依法给予行政处分。对受打击报复的会计人员，应当恢复其名誉和原有职务、级别。

第四十七条　财政部门及有关行政部门的工作人员在实施监督管理中滥用职权、玩忽职守、徇私舞弊或者泄露国家秘密、商业秘密，构成犯罪的，依法追究刑事责任；尚不构成犯罪的，依法给予行政处分。

第四十八条　违反本法第三十条规定，将检举人姓名和检举材料转给被检举单位和被检举人个人的，由所在单位或者有关单位依法给予行政处分。

第四十九条　违反本法规定，同时违反其他法律规定的，由有关部门在各自职权范围内依法进行处罚。

第七章 附 则

第五十条 本法下列用语的含义：

单位负责人，是指单位法定代表人或者法律、行政法规规定代表单位行使职权的主要负责人。

国家统一的会计制度，是指国务院财政部门根据本法制定的关于会计核算、会计监督、会计机构和会计人员以及会计工作管理的制度。

第五十一条 个体工商户会计管理的具体办法，由国务院财政部门根据本法的原则另行规定。

第五十二条 本法自2000年7月1日起施行。